# IL CINEASTA
## SOLITARIO

Vito Robbiani
Catherine Bartocci

# IL CINEASTA
# SOLITARIO

*Interviste ai registi*
Michael Beltrami
Danilo Catti
Fulvio Mariani
Mohammed Soudani

*Postfazione*
Stefano Knuchel

*In copertina*
Foto di Gioele Di Stefano

*Coordinamento editoriale*
Vito Robbiani

*Editing e Art Direction*
Laura Maggioni

*Finalizzazione layout*
Gioele Di Stefano

www.mediatree.com/editoria
agenzia@mediatree.com

ISBN 978-1-326-38333-6

Finito di stampare nel mese
di novembre 2015
a cura di mediaTREE produzioni sagl
Printed by lulu.com

# Sommario

# Introduzione

*Documentary: The creative treatement of actuality*
(John Grierson, 1926)

Il filone del *cineasta solitario* esiste da quando è stata inventata la cinepresa. È una conseguenza naturale del fare documentario, nell'esigenza dell'autore di creare delle impressioni di realtà. Poter realizzare delle immagini in totale autonomia, secondo i propri tempi e le proprie necessità, da soli con in mano lo strumento che scrive immagini, in solitaria di fronte alla realtà che si vuole esplorare, è stata una condizione ambita e ricercata da molti autori documentaristi.

I fratelli Lumière con il loro primo film, girato il 19 marzo 1895, *La sortie de l'usine Lumière à Lyon*, ripresero ciò che per loro era il più naturale e reale possibile: l'uscita degli operai dalla loro fabbrica. La semplicità del soggetto e il realismo trasmesso nella scena ne fanno la pietra miliare della storia del documentario. Le "vedute animate" dei Lumière sono quello che oggi considereremmo il girato, i mattoncini con i quali costruire una storia, ma in sé si trattava di un'attrazione, di narrazione non si può ancora parlare.

I Lumière, per arricchire gli spettacoli dei propri cinematografi, mandarono in giro per il mondo dei cineoperatori per documentare la vita in altri Paesi (Stati Uniti, Giappone, Egitto, Italia, Spagna ecc.) e in questo modo attirare il pubblico a vedere questi "reportage di viaggio". Il commento, la *voice over*, di questi documentari *ante litteram*, era affidato ad un imbonitore che, come ai tempi della lanterna magica, intratteneva il pubblico. Le orchestrine, diversi anni più tardi, faranno lo stesso per il cinema muto.

Si può dire, quindi, che il cineasta solitario è cresciuto all'ombra dello sviluppo del cinema vero e proprio, iniziato da Georges Méliès.

È con Robert Joseph Flaherty e, in particolare, con il film *Nanook of the North* (*Nanuk l'eschimese*, 1922), che il documentario diventa una realtà.

Una realtà di tale impatto che decreta la nascita di un genere cinematografico con un nome tutto suo. Fu John Grierson, autore a sua volta di un documentario sulla pesca delle aringhe nel mare del Nord, *Drifters* (1929), che definì i film di Flaherty come "documentari". Flaherty partì da solo per il Nord del Québec per documentare la vita degli inuit. Fu dunque il primo vero *one-man film crew*, un pioniere della regia unita alla ripresa, e diede così avvio non solo allo sviluppo della documentaristica ma anche alla sua pratica in solitaria.

Questo testo, attraverso la ricerca che propone, indaga la figura dell'autore documentarista che sceglie di affrontare la realizzazione di un film in modo autonomo, facendosi carico della ripresa sonora e della ripresa delle immagini oltre al lavoro registico.

Non vuole essere un punto di arrivo, bensì un punto di partenza per la riflessione su questo approccio e realizzazione in ambito documentaristico, ed è dedicato a tutti coloro che hanno fatto e che faranno uso di questa modalità per realizzare le proprie opere audiovisive.

In questa pubblicazione viene proposta una riflessione approfondita sulle ragioni, sulle motivazioni e sul significato del fare documentario da soli.

# CAPITOLO PRIMO
## Definizione

"È una questione di parole e le parole sono rivelatrici."[1]

Nel panorama della produzione audiovisiva ci sono molti termini per definire modalità diverse di ripresa. A volte però si riflette poco sulle differenze nella pratica di un metodo di fare cinema piuttosto che di un'altra. In questo senso proponiamo un breve chiarimento sui termini che servirà a rendere più chiaro il campo nel quale questo libro si muove.

Con il termine cineasta (o *filmmaker* in inglese) s'intende una persona che lavora nel campo cinematografico in modo attivo. La dicitura inglese mostra bene "il senso di una pratica – fare film – come *filmmaker*"[2] ovvero di colui che fa i film. Solitamente questa parola è usata per indicare il regista, lo sceneggiatore, il produttore e il direttore della fotografia, però permette pure di far rientrare in questa definizione i diversi connubi di registi-produttori, registi-sceneggiatori, di registi-operatori alla camera e via dicendo. Con essa si fa riferimento a quelle professionalità che sono strettamente legate a un approccio artistico nell'affrontare la creazione di un prodotto audiovisivo. Il *one-man film crew* è anche un cineasta, sarebbe però riduttivo ricorrere a questa definizione per descriverne la complessità.

Un altro approccio è quello del *videomaker*, vocabolo entrato di recente nell'uso comune della lingua italiana. Si tratta di una professione che si avvicina molto all'oggetto al centro di questo scritto, al punto tale da creare spesso confusione fra i due termini, non distinguendo le sfumature che rendono il *one-man crew* una modalità differente di fare cinema-documentario d'autore.

Con la parola *videomaker*, in campo documentaristico, si definisce generalmente chi realizza dei prodotti audiovisivi (in forma
video digitale) occupandosi da solo di tutte le fasi della produzione, anche del montaggio. I prodotti, nella maggior parte dei casi
rientrano nei generi del reportage, del video-documento e delle
news, poiché esiste un legame molto forte tra il *videomaker* e i
sistemi produttivi delle emittenti televisive, per le quali spesso si
trova a lavorare. La sostanziale differenza dal *one-man film crew*
sta proprio nella motivazione della produzione. Il *videomaker* lavora per lo più su incarico, per un committente che ha la necessità di realizzare un prodotto per mostrare e informare su di un
fatto o su un soggetto. Il *one-man film crew*, al contrario, è colui
che ha un'urgenza personale di raccontare la realtà, di comunicare qualcosa mosso da una pulsione personale interna. Si tratta di
due processi opposti.

Vicino alla realtà del *videomaker* si trova poi quella del videogiornalista. "Il videogiornalista è un giornalista televisivo in grado
di realizzare da solo anche le riprese dei suoi servizi e, in alcuni
casi, anche il montaggio"[3]. Egli si occupa in genere di brevi filmati (sotto forma di servizi e interviste) con strumenti di ripresa audiovisiva digitali. Esiste pure per questa professione una dimensione autonoma nello svolgimento del lavoro, anche se di solito il
videogiornalista fa parte di una redazione di un'emittente televisiva. Lo scarto tra videogiornalista e cineasta solitario consiste
principalmente nelle intenzioni, nel punto di vista e nel genere di
prodotti che vengono realizzati. Lo scopo e le ragioni differisco-
no: il primo lavora sulla raccolta, sull'elaborazione e sulla trasmissione delle notizie, con l'obiettivo di far conoscere i fatti attraverso il linguaggio giornalistico dell'informazione; il secondo lavora
con il linguaggio cinematografico come autore, interpretando la
realtà e lavorando sulla rappresentazione di questa, con un'attitudine creativa.

Se si volesse trovare una traduzione al termine inglese *one-
man film crew*, sarebbe squadra (nell'accezione di équipe cinematografica) composta da una sola persona; il che rende bene
l'idea di una figura professionale che si occupa di ricoprire diversi

compiti tecnici e ruoli per la creazione di un'opera filmica. L'autore documentarista *one-man film crew* è di fatto una figura che si assume in prima persona le responsabilità di regia, fotografia, realizzazione delle immagini, ripresa sonora, a volte della produzione e in parte anche del montaggio.

Nonostante si parli poco di questo ruolo, esiste da sempre. Si tratta di registi cineasti che decidono di affrontare il progetto di un documentario in solitaria. Questa scelta è di solito l'unica soluzione praticabile laddove vi sia l'esigenza di stare alla macchina da presa in qualità di autore e di scrittore dell'immagine audiovisiva. Il metodo del cineasta in solitaria non è adatto a qualsiasi tipologia di documentario né di soggetto.

La combinazione di un soggetto con l'intenzione del lavoro del documentarista implicano la modalità di ripresa del tema stesso. A volte solo in solitaria un autore può affrontare un progetto di documentario. Può anche essere una scelta obbligata, l'unica alternativa davanti a un sistema di produzione cinematografica nel quale l'impegno di sostenere un autore *one-man film crew* durante la lavorazione a un film è concepita come un rischio. La condizione principale che porta alla scelta di questo metodo di lavoro può quindi essere legata all'aspetto economico delle risorse per il finanziamento del film e dell'incompatibilità con le logiche del sistema produttivo (pensiamo soprattutto ai tempi di realizzazione).

Il regista-operatore è troppo imprevedibile per una macchina produttiva, ma proprio per questo il cineasta solitario sa che l'imprevisto sarà il motore del proprio film.

Ciò che rende forte un film con questa tecnica è proprio la capacità di seguire il divenire delle cose. Il regista-operatore può essere più sensibile ai mutamenti (poiché li vive anche lui in diretta) e a volte può anticiparne le conseguenze per poterle filmare.

Il regista solitario normalmente instaura immediatamente un rapporto di complicità ed empatia con il proprio soggetto. Grazie a questa modalità è pronto ad accogliere l'inatteso e di riprenderlo attraverso un'inquadratura calcolata.

[1] P. Pisanelli, *Filmare la storia: Eventi collettivi attraverso storie individuali*, in *L'idea documentaria: altri sguardi dal cinema italiano*, a cura di M. Bertozzi, Lindau, Torino 2003, p. 103.

[2] P. Pisanelli, *op. cit.*

[3] F. Masella, *Il videogiornalismo: un nuovo incrocio di linguaggi*, Treccani. it, L'enciclopedia italiana, 2005, http://www.treccani.it/scuola/tesine/scrittura_del_giornalismo/3.html.

## CAPITOLO SECONDO
# Il documentario d'autore

"Pensare al proprio fare cinema non è impresa facile. Non si tratta solo di tentare di dare un nome e una ragione a scelte formali e stilistiche spesso frutto di intuizioni, riflessioni ed emozioni scaturite dall'incontro con un soggetto specifico, di verificare le influenze e le affinità coi grandi maestri, ma anche e soprattutto di interrogarsi sul suo proprio sguardo sul mondo. Un viaggio intimo all'interno di sé, inevitabile per chi crede che fare cinema documentario non sia la registrazione oggettiva di una realtà preesistente alle riprese, quanto piuttosto il frutto di un incontro tra questa realtà e quella dell'autore e che un film sia sempre anche la documentazione di uno sguardo, la registrazione di un contatto – possibile – tra l'autore e il mondo: il mondo che viene ripreso, il mondo di chi guarda i suoi film."[1]

Il documentario d'autore ha trovato un ampio sviluppo a partire dagli anni cinquanta, quando ha cominciato a esplorare e sperimentare approcci più personali, per dare spazio all'espressione del regista-autore e del suo punto di vista. L'innovazione più grande riguarda il modo di raccontare le storie, le vicende e gli eventi. La riflessione sulla forma, sulle tecniche narrative, sul ruolo del suono hanno contribuito a migliorare e ad arricchire il linguaggio cinematografico.

La comparsa di questa nuova tendenza nel *cinema del reale* ha permesso una rivalutazione del genere documentario nel suo potenziale di forma d'espressione e comunicazione, portandolo al livello del cinema di finzione. In particolare, gli autori documentaristi, attraverso le loro opere, hanno dimostrato la possibilità di superare il realismo e la retorica educativa dei primi tempi.

Il documentario d'autore dalla metà del Novecento non ha mai smesso di rimettersi in discussione ed è ancora oggi uno degli spazi di creazione audiovisiva che presenta più novità. La maggior parte di questi film sono opere caratterizzate da un processo di lavorazione molto lento, sia per la fase di riprese, sia per quella di montaggio. Ciò varia soprattutto a seconda del soggetto e del progetto dell'autore, nonché dalle sue risorse. Quasi sempre le riprese coinvolgono una troupe composta da poche persone (il regista, il direttore della fotografia e il tecnico del suono). A volte il documentario si realizza senza grandi somme destinate al salario del regista, che preferisce destinare la sua parte del budget per restare più a lungo sui luoghi delle riprese, oppure per una fase di montaggio estesa o, ancora, per favorire la qualità tecnica dell'immagine e del suono, investendo negli strumenti di registrazione (pellicola, videocamere in alta definizione, microfoni per la ripresa Dolby 5.1, steadycam, animazione grafica, ecc.). Durante gli ultimi decenni, il documentario d'autore ha saputo raggiungere un livello di professionalità molto alto, nello specifico per la qualità dell'immagine, della fotografia e della sonorizzazione.

La questione fondamentale per le opere personali rimane, però, la capacità narrativa dell'autore. Un'alta qualità tecnica gioca un ruolo importante ma non essenziale. L'elemento principale di un documentario d'autore è il modo in cui presenta, elabora e racconta una storia. Il pregio di queste opere sta nel trattamento della tematica, nell'urgenza di narrare una situazione e nella forza del racconto. Questa è l'essenza del cinema documentario d'autore.

La frontiera nel definire cosa sia un punto di vista autoriale o meno è labile ed è in costante mutamento. A seguito di questa difficoltà, ha fatto la sua comparsa il termine "documentario di creazione". Si tratta di una definizione nata in Francia nel 1986 durante una discussione fra registi indipendenti e produttori, frutto della necessità di una convenzione fra cineasti. C'era il bisogno, da parte dei registi francesi, di trovare un modo per differenziare il linguaggio documentaristico dai reportage e dai servizi per i contenitori culturali delle emittenti televisive. La differenza da cogliere era racchiusa nel punto di vista. Da un lato quello giornalistico e dall'altro quello personale e cinematografico.

La terminologia si è poi consolidata ed è oggi utilizzata prevalentemente in ambito produttivo, ma è sinonimo di documentario d'autore.

"Il documentario di creazione lavora con la realtà, la trasforma – grazie al modo originale di vedere le cose del suo autore – e dà prova di uno spirito di innovazione nella sua concezione, la sua realizzazione e la sua scrittura. Si distingue dal reportage a causa della maturazione del tema trattato e a causa della riflessione complessa e il sigillo, forte della personalità del suo autore."[2]

---

[1] E. Colusso, *La documentazione di uno sguardo*, in *L'idea documentaria: altri sguardi dal cinema italiano*, a cura di M. Bertozzi, Lindau, Torino 2003, pp. 67-68.

[2] M. Balsamo, *Condizioni generali*, 2009, http://www.iltuodocumentario.it/interno.asp?id=46 [8.6.2010].

CAPITOLO TERZO
# Le origini del documentario in solitaria

UNA STORIA DA RICOSTRUIRE
Parlare di cineasta solitario in era digitale significa riflettere su una modalità di far cinema che appartiene al tempo presente. Le ricerche precedenti realizzate sul tema si limitano a esporre gli aspetti legati al passaggio dalla registrazione analogica a quella digitale, che hanno portato da una parte a una maggiore autonomia per i cineasti documentaristi, dall'altra a evidenziare la maggiore accessibilità a strumenti per la ripresa audiovisiva per ciascun individuo. Occorre precisare che la realizzazione di opere documentarie con il metodo *one-man* è una soluzione che viene selezionata o s'impone a seconda del soggetto e del progetto di film, non tutti i documentari di un regista infatti si risolvono nella logica solitaria. Forse anche per questo motivo le indagini antecedenti non analizzano il confronto pratico dell'autore solitario col reale, ma si concentrano sull'analisi dell'opera finale realizzata all'interno di un percorso cinematografico dell'autore. Le origini del cineasta solitario odierno sono rintracciabili in diversi momenti e fasi che, a partire dalla metà del Novecento, hanno determinato la nascita di nuove tendenze nel fare cinema. La seguente traccia storica, per quelle che possono essere identificate come le premesse dell'odierno cineasta solitario, propone l'esposizione dei caratteri del cinema diretto rifacendosi al testo di David Bordwell e Kristin Thompson *Storia del cinema e dei film, dalle origini a oggi*[1].

## La rivoluzione tecnologica degli anni cinquanta
I giovani cineasti della Nouvelle Vague furono avvantaggiati, in questo tentativo d'avvicinarsi maggiormente alla realtà, grazie ai

progressi tecnologici: in particolare dall'avvento del Nagra, un registratore suono portatile; e dalla cinepresa 16 mm, leggera e silenziosa.

La prima cinepresa a essere dotata di un mirino a sistema reflex comparve nel 1937 e, permettendo di controllare la messa a fuoco direttamente durante la ripresa, conferì un notevole incentivo alla produzione di camere leggere. Il perfezionamento di queste apparecchiature avvenne nel corso degli anni cinquanta e sessanta, puntando soprattutto sull'alleggerimento della struttura della camera. La Nouvelle Vague e il neorealismo italiano rivoluzionarono la tecnica di ripresa nel cinema. Atrettanto fecero cinema diretto americano, Cinéma Vérité e Free Cinema, dando uno slancio notevole allo sviluppo di macchine da ripresa libere da cavalletto.

Nel 1923 la Eastman Kodak introdusse il formato pellicola 16 mm, pensato soprattutto ai filmini domestici e quelli didattici. Durante la seconda guerra mondiale divenne quindi il supporto largamente più sfruttato; ideale sia per le riprese in diretta sia per la distribuzione nell'ambito militare di film didattici e di propaganda. Al termine della guerra il formato fu adottato e reinventato da documentaristi e registi di film sperimentali. Il basso costo e la flessibilità del 16mm lo trasformarono nello standard per i reportage, le pubblicità e i film televisivi. Nacquero così le prime cineprese professionali leggere munite di teleobiettivo e di mirino reflex che permettevano di visualizzare direttamente attraverso l'obiettivo l'immagine ripresa. Nel 1952 la camera Arriflex 16 divenne il nuovo standard per l'impiego professionale. Inoltre, la Eastman Kodak come altre società, mise a punto una serie di nuove pellicole 16mm dotate di un'emulsione fotografica più sensibile, che consentivano di girare in situazioni poco luminose.

Un'innovazione importante si verificò nel 1958 con la comparsa di cineprese 16mm professionali decisamente più leggere di tutta la generazione precedente, dove l'uso del cavalletto consisteva nell'unica soluzione per ottenere delle immagini stabili. Dapprima i nuovi modelli di cinepresa Auricon Cine-Voice ed Eclair Caméflex (di circa 27 chilogrammi di peso) offrirono la possibilità di essere agganciate a un sostegno a spalla. Poi una versio-

17

ne perfezionata dell'Arriflex 16 riuscì a raggiungere i 10 chilogrammi; in seguito 9 chilogrammi con il prototipo della KMT Coutant-Mathot Eclair. Con cineprese del genere fu possibile riprendere delle panoramiche veloci, seguendo il soggetto, entrare nelle automobili e seguire l'azione ovunque.

Altrettanto importante fu l'evoluzione in campo sonoro. I film fino a quel momento avevano sofferto delle grandi limitazioni della registrazione del suono, spesso effettuata in studio o risonorizzata. Nei primi anni cinquanta la traccia ottica presente sulla pellicola venne sostituita dalla registrazione su nastro magnetico, cosicché molti autori iniziarono a prendere il suono in diretta con registratori portatili.

La società svizzera Nagra lanciò nel 1953 un registratore destinato al cinema e quattro anni più tardi uscì sul mercato la versione migliorata, che per molti decenni rimase la più diffusa. Seppure la sincronizzazione e il rumore della cinepresa rimasero un problema, nel 1958 le cineprese leggere 16mm e gli audioregistratori portatili celebrarono una rivoluzione a livello tecnologico nella storia dell'audiovisivo. La possibilità di muoversi con maggiore libertà, data dai nuovi strumenti di ripresa, segnò il rilancio del genere documentario.

## La ricerca del realismo

Agli inizi degli anni Cinquanta i numerosi documentaristi che avevano girato immagini legate alla guerra, si ritrovarono a dover riflettere sul proprio futuro e sul proprio reinvestimento in un nuovo settore di cinema documentario. Nel periodo del secondo dopoguerra si assistette alla nascita di numerose scuole di cinema, lo stesso dicasi per il sistema cinema stesso che dovette trovare nuove modalità produttive e nuovi temi. Le emittenti televisive influirono positivamente in questo processo di trasformazione dando maggiore spazio alla forma del documentario. In area europea e americana nacquero in questo clima alcuni movimenti che influenzarono fortemente la discussione sui valori, sui compiti e sulla funzione del documentario. A livello generale, l'elemento in comune in tutti i nuovi movimenti fu la centralità delle tematiche del realismo.

## Direct Cinema – Drew Associates

Negli Stati Uniti d'America si assistette allo sviluppo di un movimento cinematografico legato all'ambito del documentario per la diffusione televisiva. L'intenzione di uno dei principali esponenti, Robert Drew, era quella di dare ai servizi d'informazione televisiva il "realismo drammatico"[2] del fotogiornalismo di quegli stessi primi anni cinquanta. La Drew Associates nacque attorno al 1954 in seguito all'incontro di Robert Drew con Richard Leacock e la collaborazione, poi, di Donn Pennebacker, dei fratelli Albert e David Maysles e Terry Macartney-Filgate. *Primary* fu il primo documentario realizzato da Robert Drew (1960). La storia raccontava le campagne elettorali dei due candidati alla presidenza degli USA John Fitzgerald Kennedy e Hubert Humphrey. L'attenzione era concentrata sui momenti privati di entrambi durante la corsa per l'elezione. Gli operatori seguivano i politici nei loro spostamenti, cogliendo la tensione dell'operazione di promozione elettorale.

Il controllo dei film prodotti dalla società era compito di Robert Drew, il quale aveva una visione del documentario come una forma e una modalità per raccontare storie drammatiche. "In ogni storia c'è un momento in cui l'uomo deve confrontarsi con attimi di tensione, pressione, rivelazione e decisione. Sono questi gli attimi che ci interessano di più"[3]. La tensione e le difficoltà che vivono i protagonisti è capace di rivelare la loro personalità. Ciascun operatore era chiamato a rendersi invisibile e ad abituare il soggetto alla propria presenza, in modo da poter riprendere le azioni senza far sentire l'invadenza del sistema cinema. I realizzatori delle immagini dovevano essere in grado di bilanciare la verità dei fatti con il giudizio soggettivo che è implicito nell'atto di inquadrare, ovvero capire quando il proprio intervento è frutto di un ragionamento soggettivo che sarebbe andato a modificare l'oggettività del fatto che si stava filmando.

Un autore significativo che aderì all'ideologia del Direct Cinema è Frederick Wiseman. Le sue opere hanno spesso quale tematica le istituzioni e il loro funzionamento. La sua attenzione consiste nel lasciare che siano i dettagli a rivelare le contraddizioni, le problematiche o i difetti delle istituzioni stesse. Il regista sceglie di non utilizzare un commento parlato (*voice over*) per denunciare le anomalie di queste strutture, ma di lavorare sul montaggio di immagini di secondo piano che presentano un potenziale narrativo. L'ultima parola è lasciata al pubblico, che può decidere di ignorare i messaggi scaturiti dall'accostamento delle inquadrature oppure può aderirvi. Una delle opere più importanti di Wiseman è il documentario *Titicut Follies* (1967).

Ben presto i cineasti della Drew Associates lasciarono la società per fare nuove esperienze. Richard Leacock, in particolare, sperimentò quello che chiamava "cinema senza controllo"[4] dove l'autore non deve interferire con l'evento ma adottare un approccio che si limita all'osservazione discreta. Leacock sosteneva che un'équipe ben rodata può riuscire a integrarsi in una data situazione al punto di farsi dimenticare dai soggetti ripresi. La sua visione di un cinema senza il desiderio di controllo, ma a favore delle testimonianze dirette, è stato d'ispirazione "per un'intera generazione di cineasti"[5].

### Direct Cinema – Canada

Anche in Canada la televisione ebbe un ruolo determinante per lo sviluppo del cinema diretto. La spinta venne data dalla creazione di una rete nazionale nel 1953 (la All-Canada Radio & Television Limited). La richiesta dell'emittente al National Film Board of Canada (NFB) fu quella di impegnare i registi nella realizzazione di brevi film d'attualità con la pellicola 16 mm. Emersero così due movimenti, uno dal Canada inglese e l'altro dalla presenza francofona nella regione del Québec.

Il primo filone del NFB prese il nome di B-Unit. I cineasti che vi aderirono furono Colin Low, Wolf Koenig e Roman Kroitor. Essi sperimentarono per alcuni anni le modalità per essere più vicini ai loro soggetti e cercarono di usare il suono diversamente. Lo scopo venne raggiunto, sotto la direzione di Tom Daly, nella serie di film *Candid Eye*[6]. Le riprese avvenivano con macchine da presa nascoste e teleobiettivi. I registi di *Candid Eye* credevano, come Robert

Drew, in un cinema oggettivo, ispirandosi però anche alle modalità adottate dal Free Cinema britannico. Rispetto ai film del cinema diretto della Drew Associates, i cineasti della B-Unit non ricercavano gli elementi di crisi e tensione per la narrazione. Con il termine *candid* si voleva quindi far riferimento a un interesse del movimento nel riprendere i fatti della quotidianità come in un processo di osservazione neutra, senza sceneggiatura, lasciando al montaggio la fase della creazione della narrazione, di un senso e di una lettura suggerita.

La serie si concluse nel 1960, ma i registi continuarono a lavorare nel campo del documentario nella direzione intrapresa. L'innovazione dei metodi usati per *Candid Eye* era il riflesso del generale ripensamento del fare documentario.

Questa serie contribuì a preparare il terreno a un cinema d'indagine e con la sua esperienza partecipò alla nascita della prima équipe francese di cinema diretto canadese. I registi francofoni del Québec che prendevano parte agli esperimenti della B-Unit intravidero l'occasione di rivendicare e riaffermare la loro identità. Nel 1958 i registi Michel Brault e Gilles Groulx, assieme al tecnico del suono Marcel Carrière, girarono *Les Raquetteurs*, breve film di 15 minuti su una riunione di appassionati delle racchette da neve. La grande svolta presente nel documentario fu la scelta di introdurre la troupe (ridotta al minimo, in questo caso tre persone) nella vita di un gruppo. Il documentario si avvaleva di un punto di vista interno alle azioni. Nel cortometraggio erano presenti degli aspetti nuovi e rivoluzionari che si avvicinano a quello che oggi è l'approccio amatoriale nel riprendere momenti di vita. Il successo del film incoraggiò il National Film Board a fondare un gruppo di lingua francese, composta da Michel Brault, Gilles Groulx, Claude Jutra, Marcel Fournier e altri. Il gruppo rivelò una grande conoscenza e padronanza della nuova attrezzatura di ripresa e la dedizione dei cineasti a un cinema diretto impegnato. Caratteristica del movimento era l'attenzione per la gente e la cultura popolare urbana, nella quale si identificavano. Il desiderio d'indagare l'identità sociale della comunità francofona è evidente nel film *Pour la suite du monde* (1963). L'operatore alla cinepresa Michel Brault, il poeta Pierre Perrault e il tecnico del suono Marcel Carrière trascorsero un anno a seguire la vita in un villaggio franco-canadese dove si era continuato a parlare una variante del francese del XVII secolo. Il film si compone per lo più di interviste a persone che ricordano la storia della comunità. Pierre Perrault chiamava questo tipo di lavori con il termine *cinéma vécu* (in italiano "cinema vissuto"), in cui la verità di un evento tratto dall'esperienza di qualcuno è data dal valore del suo racconto. Il cinema, per lui, era lo strumento migliore per dare la parola alla gente del Québec, agli emarginati.

L'esplorazione da parte di Perrault della storia e della cultura della popolazione franco-canadese, trovò seguito in molti dei suoi film.

### Cinéma Vérité

Attorno agli anni cinquanta, in Francia, si sviluppò una nuova corrente cinematografica, il Cinéma Vérité. La sua nascita fu influenzata sia dalla contemporanea Nouvelle Vague di François Truffaut, Claude Chabrol, Alain Resnais e Jean-Luc Godard sia dal Direct Cinema americano e canadese.

Il Cinéma Vérité interpretava il documentario come l'idea di un'esplorazione concreta del reale. La figura di riferimento del movimento cinematografico era Jean Rouch, documentarista ed etnografo, che applicava il suo approccio di studio del comportamento umano nella pratica cinematografica. In questo senso, tra i suoi titoli più famosi va ricordato il film *Les maîtres fous* (1955).

Importante nel Cinéma Vérité era pure lo sforzo e l'impegno per la ricerca di un miglioramento della strumentazione di ripresa audiovisiva. Il perfezionamento voleva raggiungere un'alta maneggevolezza delle macchine da presa per consentire un utilizzo libero da cavalletto. Inoltre, la ricerca era volta a rendere possibile la registrazione sincrona del suono con le immagini. Tutto ciò portò a una nuova modalità di ripresa, caratterizzata da mezzi tecnici leggeri, dall'impiego della cinepresa in spalla e dall'uso del piano ravvicinato rispetto al soggetto filmato.

L'opera simbolo dell'affermazione del Cinéma Vérité è il docu-

mentario *Chronique d'un été* (*Cronaca di un'estate*, 1960), diretto da Edgar Morin e Jean Rouch con Michel Brault alla camera.
L'innovazione del linguaggio e della forma consiste nell'approccio
adottato durante le riprese, a carattere riflessivo-interattivo. Il desiderio di catturare l'immediatezza della realtà in modo diretto
venne favorito dallo sviluppo della pratica documentaria di quegli
anni, che sfruttava la nuova tecnologia di ripresa dell'immagine
leggera e del suono in presa diretta.

## Free Cinema

In Gran Bretagna il cinema del reale trovò una rinascita grazie al
movimento del Free Cinema. Il più importante esponente teorico
di questa corrente fu Lindsay Anderson. Insieme a Karel Reisz e
Gavin Lambert fondarono, nel 1947, una rivista di critica cinematografica che portava il nome di "Sequence" (che continuò la sua
attività fino al 1952). La tematica centrale affrontata nei testi del
giornale era l'idea di un cinema libero dai condizionamenti com-
merciali dei committenti. In seguito all'esperienza di "Sequence",
nel 1956, si unirono sotto il nome Free Cinema i cineasti Lindsay
Anderson, Karel Reisz e Tony Richardson. Anderson esprimeva il
bisogno di vedere in modo più intellettuale e dialettico la realtà, di
andare oltre l'apparente banalità del quotidiano per riscoprire i
semplici gesti della normalità attraverso il coinvolgimento emotivo fra autore e personaggi. Una libertà di sguardo verso la realtà
con la quale e alla quale si partecipa, in cui si entra a contatto diretto con gli aspetti di quotidianità della vita dei protagonisti.

L'esempio che meglio esprime il pensiero del movimento Free
Cinema è il documentario *Every Day Except Christmas* (1957),
diretto da Lindsay Anderson. Il movimento durò solo tre anni
(1956-1959) ma contribuì in modo determinante a risvegliare il
documentario inglese dal torpore degli anni del secondo conflitto
mondiale.

## La rivoluzione dal video al digitale

Il cambiamento, in campo audiovisivo, è segnato dapprima dall'introduzione del sistema video analogico, che convisse con la pellicola, poi dall'avvento del sistema video digitale. Il sistema video sfrutta la registrazione su nastro magnetico del segnale video, in forma analogica. La possibilità della registrazione del video è arrivata attorno agli anni settanta. Il grande vantaggio che questo sistema offriva era soprattutto una riduzione dei costi di produzione (escludendo quelli della postproduzione). Con questa trasformazione tecnologica, di pari passo, veniva portata avanti la ricerca di nuovi supporti video-magnetici e nuove videocamere che consentissero una maggiore flessibilità durante la registrazione. Nel 1971 Sony introdusse il formato U-matic. La sua caratteristica principale era quella di contenere, per la prima volta in assoluto, il nastro all'interno di una custodia di materiale plastico (cassetta). L'U-matic è stato uno dei primi sistemi video per la registrazione su nastro, fuori dagli studi televisivi o cinematografici. Fin dall'inizio non era stata comunque prevista una diffusione di questo standard per il "largo consumo"; non un prodotto commerciale, ma un prodotto professionale rivolto soprattutto ai professionisti del settore come televisioni o case di produzione.

In realtà, dati i costi contenuti del supporto divenne il primo formato commerciale di videocassetta a livello internazionale, largamente usato anche dai consumatori, fino ai primi anni novanta, quando la stessa Sony introdusse un formato qualitativamente superiore, il Betamax, sostituito poi con la meno performante VHS.

I produttori di tecnologie video iniziarono a proporre supporti e strumenti per la ripresa sempre più accessibili a un pubblico più esteso. A metà degli anni ottanta il fenomeno della produzione consumer garantiva anche ai professionisti dei mezzi qualitativamente buoni, portatili, dei supporti flessibili e a un prezzo ridotto. Ciò ha favorito, tra l'altro, anche il mondo della documentaristica, poiché era possibile produrre un documentario in forma autonoma e con un budget limitato (basti pensare al successo avuto dal formato Hi8).

Il secondo grande passaggio che segnò definitivamente la registrazione audiovisiva arrivò con l'avvento dell'informatica nella registrazione delle immagini, ovvero il video digitale, dove l'informazione elettronica è rappresentata in forma digitale. Il primo formato digitale fu il Sony D1, del 1986. Presentava una qualità eccellente, ma all'epoca dell'introduzione era un formato molto costoso. Dopo circa dieci anni si giunse al digital video format (DV).

La maggiore accessibilità alle nuove telecamere digitali ha permesso a questo formato di imporsi nella produzione amatoriale, ma anche in quella professionale, specialmente per quanto riguarda il documentario. Nella sua versione con videocassetta di dimensioni più ridotte, nota come MiniDV, è diventato un formato molto popolare ed è uno standard di fatto per la produzione video amatoriale e semiprofessionale.

La Sony VX1000 del 1995 è stata la prima telecamera *prosumer* (dall'unione dei termini *professional-producer* e *consumer*) che ha permesso di trasferire le informazioni dalla cassetta MiniDV direttamente al computer. Questo percorso iniziato negli anni cinquanta con la creazione di cineprese leggere, poi attraverso il formato video di volta in volta qualitativamente migliore e il relativo sviluppo di videocamere portatili a prezzi contenuti, prima analogiche e poi digitali, ha influenzato la considerazione e la possibilità del poter girare in solitaria. Oggi è infatti possibile realizzare un documentario da soli, sostenendo un costo molto limitato.

## ESPERIENZE IN SOLITARIA DI RIFERIMENTO

È difficile ripercorrere una storia dei cineasti solitari o dell'intimo. In realtà sono sempre esistite delle figure che hanno intrapreso questa strada, nel senso della pratica in solitaria.

Rispetto a oggi, c'è una grande differenza nella forma e nel linguaggio degli esordi di questa pratica. Robert Joseph Flaherty con i suoi primi film *Eskimo* (1918) e *Nanook of the North* (*Nanuk l'eschimese*, 1922), fu uno dei primi a riuscire in un'impresa in solitaria. Il suo scopo era raccontare in maniera veritiera la vita quotidiana del popolo eschimese. La forma da lui adottata prevedeva molta messa in scena di situazioni reali.

Nel 1929 Dziga Vertov con l'esperienza cinematografica del cine-occhio, cioè l'idea di epurare il cinema dalle intrusioni delle altre arti – musica, letteratura e teatro –, espose il concetto di film come appropriazione della realtà, e per fare questo mostrò operatori in solitaria in azione tra la gente (*L'uomo con la macchina da presa*), ma la sua esperienza è ricordata soprattutto per il ruolo avuto dal montaggio.

Nello stesso periodo, ma in un contesto politico diverso, oprava anche Joris Ivens che, con *De brug* (*Il ponte*, 1928) e *Regen* (*Pioggia*, 1929), rilanciò il documentario con la ricerca esasperata del racconto e l'estetica del reale.

*À propos de Nice* (*A proposito di Nizza*, 1930) di Jean Vigo sperimenta il montaggio parallelo, mostrando la ricca borghesia a spasso per la Promenade des Anglais a confronto con i quartieri poveri della Vecchia Nizza.

L'idea fondamentale del documentario è che il soggetto sia da ricercare nel luogo stesso dove agisce, che sia compito del documentarista scovare l'umanità, fissare il reale e reinterpretare l'esperienza.

John Grierson (autore di *Drifters*, 1929) elaborò una specie di manifesto che si applica benissimo al cineasta solitario, i *Principi fondamentali del documentario*:

"1. Noi crediamo che dalla capacità, che il cinema possiede, di guardarsi intorno, di osservare e di selezionare gli avvenimenti della vita 'vera', si possa ricavare una nuova e vitale forma d'arte. I film girati nei teatri di posa ignorano quasi totalmente la possibilità di portare lo schermo nel mondo reale. Fotografano avvenimenti ricostruiti su sfondi artificiali.

2. Noi crediamo che l'attore 'originale' (o autentico) e la scena 'originale' (o autentica) costituiscano la guida migliore per interpretare cinematograficamente il mondo moderno. Offrono al cinema una più abbondante riserva di materiale. Gli forniscono le possibilità di interpretare, traendoli dal mondo della realtà, avvenimenti più complessi e sorprendenti di quelli immaginati per i teatri di posa, o di quelli che i tecnici dei teatri di posa possano ricostruire.

3. Noi crediamo che la materia e i soggetti trovati 'sul posto' siano più belli (più reali in senso filosofico) di tutto ciò che nasce dalla recitazione. Il gesto spontaneo ha sullo schermo un singolare valore. Il cinema possiede la straordinaria capacità di 'ravvivare' i movimenti creati dalla tradizione o consunti dal tempo. Il rettangolo arbitrario dello schermo rivela e potenzia i movimenti, dando loro la massima efficacia nello spazio e nel tempo. Si aggiunga che il documentario può ottenere un approfondimento della realtà e ricavarne effetti che la meccanicità del teatro di posa e le squisite interpretazioni degli attori scaltriti neppure si sognano."

Per i realizzatori solitari il sonoro continuò a essere un problema fino agli anni cinquanta, quando finalmente fu tecnicamente possibile realizzare dei documentari registrando in presa diretta il suono, una libertà che rilanciò il documentario, permettendo di scandagliare senza sosta la realtà.

Vittorio de Seta è forse stato il più importante regista italiano di documentari brevi, tutti realizzati in solitaria. I suoi lavori dal 1954 al 1959 sono stati raccolti sotto il nome di *Il mondo perduto*, un catalogo di attività umane ormai scomparse: pescatori, contadini, pastori e minatori di Sicilia, Sardegna e Calabria. De Seta, con lo stesso slancio di Flaherty, documentò degli eventi senza intervenire nella realtà, riconsegnando allo spettatore l'evento come da lui vissuto.

Più avanti, negli anni ottanta, troviamo un'esperienza di particolare intimità: quella di Raymond Depardon e Sophie Ristelhuerber (fonico) in *San Clemente* (1982). Il film si svolge in una clinica psichiatrica vicino a Venezia. La macchina da presa si muove alla ricerca di un senso che, alla fine, è il senso della riflessione sulla capacità di guardare e osservare. Depardon racconta dall'interno le situazioni che si manifestano; è al tempo stesso osservatore e spettatore.

Gli autori di riferimento in questo approccio in solitaria sono diversi. Due figure, però, emergono, anche per l'avanguardia nel linguaggio. Si tratta del francese Alain Cavalier e della giapponese Naomi Kawase. Cavalier ha sviluppato una forma in cui la narrazione-interrogazione del reale coincide con il momento stesso della registrazione delle immagini. La voce dell'autore viene registrata in presa diretta. Alcuni titoli: *Thérèse* (1986), *La rencontre* (1996) e *Irène* (2009).

Le opere di Naomi Kawase (escludendo le fiction) si presentano spesso sotto forma di documentari autobiografici. Uno degli elementi che colpiscono è l'attenzione per l'intimità, la profonda familiarità delle situazioni in cui filma e la sensibilità per i personaggi. Alcuni titoli: *Embracing* (1992), *Katatsumori* (1994), *Seen the Heaven* (1995), *Letter from a Yellow Cherry Blossom* (2002) e *Tarachime* (2006).

L'approccio in solitaria non si presta a qualsiasi soggetto, ci sono degli autori che nel loro percorso hanno affrontato questa forma solo in un'occasione specifica; nei capitoli successivi cercheremo di individuare quando e in che modo questa modalità viene applicata.

[1] D. Bordwell, K. Thompson, *Storia del cinema e dei film. Dalle origini a oggi*, Editrice Il Castoro, Milano 1998 (ed. originale *Film History: An Introduction*, McGraw- Hill, New York 1994).
[2] D. Bordwell, K. Thompson, *op. cit.*, p. 655.
[3] Cit. in G. Bachmann, *The Frontiers of Realist Cinema: The Work of Ricky Leacock*, in "Film Culture", n. 22-23, 1961.
[4] D. Bordwell, K. Thompson, *op. cit.*, p. 657.
[5] *Ibid.*, p. 658.
[6] Terence Macartney-Filgate, *The Back-Breaking Leaf* (Candid Eyes series), 1959

# CAPITOLO QUARTO
## Lo stile registico

Prima dell'inizio del *tournage* il regista decide delle impostazioni stilistiche e delle modalità di lavoro per riuscire a esprimere al meglio il proprio punto di vista. Una volta giunto il momento di filmare si valuta se ciò che si era idealizzato possa restituire quanto stabilito. Ciascun documentarista sviluppa una metodologia adatta a sé e al soggetto e, nonostante questa possa modificarsi perfezionandosi, l'obiettivo resta quello di trovare la combinazione ideale che più si avvicina al risultato prestabilito, una mescolanza di approccio, linguaggio, forma e tecnica. La camera a mano, ad esempio, si avvale di una libertà superiore a molte delle pratiche di ripresa audiovisiva e ciò ne stabilisce un grande impiego nelle opere di autori *one-man film crew*.

L'inizio delle riprese coincide con il confronto pratico con la realtà, della quale si è approfondita la conoscenza. Succede talvolta che l'inizio del *tournage* sia sovrapposto al tempo di conoscenza. Questo accade quando il fattore temporale è il motore del cambiamento in atto. Il processo di produzione di un documentario è un'esperienza di vita. L'autore è destinato a conoscere nuove persone e a instaurare nuove conoscenze che, in più di un'occasione, proseguono anche al termine della lavorazione a un film. Nel mezzo dell'esperienza filmica il regista si trova di fronte a un'infinità di domande e preoccupazioni. Sono questioni molteplici che spaziano dalla risoluzione dell'impostazione del documentario in connessione alla realtà, fino a discorsi che sfiorano il campo dell'antropologia. Si tratta di problematiche ambientali (dove fare l'intervista?), dubbi compositivi (chi guarda l'intervistato?), riflessioni antropologiche (quale relazione instaurare con il protagonista?), scelte estetico formali (a che distanza mettere la videocamera? Con quale obiettivo svolgere la ripresa?).

A questi interrogativi potrebbe seguire una lista interminabile di altre decisioni delle quali un documentarista è portato a farsi carico. Una risposta sempre adatta non esiste, ognuno compie il percorso, nel rispetto dei propri obiettivi e dei propri valori etici, che dovrebbero avere in comune per lo meno la responsabilità di una restituzione sincera della realtà filmata.

## IL PUNTO DI VISTA

Accendere una videocamera e filmare; potrebbe ingenuamente essere descritto così il lavoro di un operatore. Tenere fra le mani una videocamera non vuol dire però essere un cineasta. Se è vero che nell'ultimo decennio si è assistito a un incremento della presenza di mezzi di ripresa audiovisiva economicamente accessibili e tecnicamente semplificati, non bisogna confondere l'autore-operatore alla camera con il potenziale videoamatore. Una passione legata alla possibilità di rappresentazione totale e integrale della vita; può assomigliare molto all'effetto fotoricordo.

Oggi i confini dello spazio amatoriale sono sfumati, rimessi in discussione. Il rischio di lavorare con il reale, per un cineasta, è presente, in un clima mediatico dove viene scaricata addosso al pubblico una quantità industriale di realtà e di informazione che, appunto, hanno la consistenza di un qualsiasi altro prodotto di consumo. In tempi dove la diffusione delle telecamere a buon mercato e non solo (basti pensare agli smartphone) consente a molti di improvvisarsi cineasti, diventa fondamentale imparare a riconoscere l'importanza di una coscienza estetico-formale che si cela dietro a ciascuna sequenza di immagini. Una pratica pronta a spingersi oltre i confini comuni della motivazione storica e sociologica, oltre le discussioni fra etica e morale, oltre le definizioni di finzione o realtà. Il documentario d'autore si distingue dalla capacità di identificare immediatamente uno sguardo. Alla base dell'inizio di un lavoro documentaristico deve esserci, quindi, un'urgenza del cineasta nell'affrontare una storia oppure un'esperienza esistenziale, che è il motore della costruzione del film.

L'espressione del proprio punto di vista deve essere chiara sin dall'inizio della realizzazione di un film, o questo rimarrà una semplice osservazione fine a se stessa. È necessario, quindi, accettare l'evidenza che un film non può essere un duplicato del reale. Un cineasta non interviene nel documentario se non con la sua presenza (ma è già un intervento), non commenta se non con il montaggio (ma è comunque un commento), filma l'azione per quello che è (ma un'azione filmata è una modifica poiché attraverso il punto di vista propone già un abbozzo di racconto). Attraverso la sua forma, il cinema del reale ha come scopo la trasmissione di una convinzione, di un punto di vista. È dalla forma, dall'approccio e dall'urgenza che dipende la forza del rapporto del documentario con la realtà.

Quanto influisce l'occhio dell'autore sulla realtà che sta filmando? Come si pone di fronte al suo soggetto, quale tipo di reazione vuole trasmettere?

Il punto di vista che si sceglie al momento delle riprese determinerà anche la fase di montaggio e il senso del lavoro, pertanto riflettere sullo sguardo è un lavoro che deve essere compiuto già al momento della scrittura del dossier di produzione.

Nel dossier di presentazione e produzione deve essere chiara la sua posizione all'interno del progetto. Il regista avrà un ruolo partecipe, discutendo con i personaggi, o si esprimerà comunicando dei pensieri, attraverso una *voice over*?

Il regista può anche scegliere di rimanere unicamente dietro la camera, apparentemente distaccato dagli avvenimenti e dalla storia che viene raccontata durante il documentario. La scelta deve essere presa al momento della scrittura, anticipando il risultato che si vuole ottenere.

Chi comunica, per sua natura, non è oggettivo. Nel documentario d'autore deve emergere il punto di vista: questa consapevolezza dell'autore deve essere onesta e sincera. L'autore riconosce di proporre un suo modo di vedere le cose e quello del regista è solo uno dei punti di vista possibili. Bill Nichols (storico e teorico americano del film documentario) identifica sei categorie di sguardi possibili, qui semplificate:

– lo sguardo accidentale: è tipico dei filmati che non hanno velleità artistica ma unicamente quelle di esaudire una curiosità, una ripresa innocente della realtà (incidenti, disastri, crollo delle Twin Towers), con l'intento di documentare (video amatoriali);

– lo sguardo impotente: è la ripresa sull'evento nel quale non si può interagire, è tipico del reportage di guerra, dove si cerca l'oggettività e non si interviene in quello che sta succedendo;

– lo sguardo rischioso: si verifica quando il filmmaker risulta – agli occhi dello spettatore – in pericolo, è talmente vicino al soggetto che ci mette a disagio (catastrofi naturali, relazioni pericolose ecc.);

– lo sguardo intervenivo: l'occhio della cinepresa è partecipe, è dentro l'evento, si mette in scena (come i film di Michael Moore: *Bowling for Colombine*, *Fahrenheit 9/11*, *Sicko*);

– lo sguardo umano: è quello partecipativo, in cui l'autore è coinvolto emotivamente in quello che sta girando, le sue convinzioni e il suo distacco si scontrano con la realtà;

– lo sguardo clinico-professionale: il regista cerca di essere il più oggettivo possibile, osserva la realtà (come i film di Werner Herzog: *La Soufrière*, *Grizzly Man*, *Encounters at the End of the World*) con distacco cercando una verità (ad esempio, i documentari di National Geographic).

## LA FORMA

Un documentario può avere diverse forme, che sono il metodo con cui il regista decide di "osservare" il soggetto scelto. Un documento audiovisivo può dunque essere:

– un film-documentario di ricostruzione contemporanea o storica: la narrazione di situazioni reali con personaggi reali in ambienti reali ma messi in scena secondo i desideri dell'autore (*Nanook of the North – Nanuk l'eschimese* di Robert Joseph Flaherty);

– un film-documentario di eventi: un racconto senza intervento diretto sulla realtà, che riprende situazioni

uniche e irripetibili (*Lu tempu di li pesci spata* di Vittorio De Seta);
– un film-documentario di inchiesta: analisi della realtà (componente sociologica, etnologica, antropologica) e di fatti con l'intento di rilevare qualche cosa secondo il punto di vista dell'autore (*Chronique d'un été* – *Cronaca di un'estate* di Jean Rouch ed Edgar Morin);
– un film-documentario di intervista o testimonianza: un documento audiovisivo che per la sua intensità diventa film (*Shoah* di Claude Lanzmann);
– un film-documentario d'archivio (film di montaggio): l'autore stravolge il materiale d'archivio (film diari, cinegiornali, attualità...) per dare un senso nuovo alle immagini (*Grizzly Man* di Werner Herzog)
– un film-saggio (docufiction): documentari dove è difficile stabilire il confine tra finzione e realtà e che creano un cortocircuito (*L'uomo con la macchina da presa* di Dziga Vertov);
– un film-documentario sperimentale (video arte): un documento d'avanguardia che può evolvere a videoarte, con l'uso di linguaggi sperimentali (*Un chien andalou* – *Un cane andaluso*, 1929, di Luis Buñuel; meno surrealista invece il documentario dello stesso autore: *Las Hurdes* – *Terra senza pane*, 1933).

È facile identificare le forme di documentario che si prestano meglio per la modalità del cineasta solitario. Anche se non sono solo i film documentari di eventi o di inchiesta che vengono realizzati da un regista-cameraman.

## I GENERI
Come per il cinema (animazione, biografico, comico, commedia, drammatico, fantastico, fantascienza, horror, noir, guerra, musicale, poliziesco, thriller, western) anche nel documentario si possono riconoscere dei sottogeneri, che però sono identificati come modalità di realizzazione.

Bill Nichols definisce dettagliatamente le sei modalità:

1. *poetica*: enfasi nelle associazioni visive e sulle qualità di tono e di ritmo, sui passaggi descrittivi e sull'organizzazione formale, possibilità di comunicare in maniera alternativa le informazioni (cinema sperimentale e d'avanguardia);

2. *descrittiva (o espositiva)*: forte presenza del commento verbale e di una logica argomentativa, informazione (servizi giornalistici);

3. *osservativa*: osservazione dell'evento senza interferenza, coinvolgimento diretto dell'autore con la vita quotidiana dei soggetti, allo spettatore tocca un ruolo più attivo nel determinare il significato di ciò che viene visto (metodologia del *cinema diretto*);

4. *partecipativa*: enfasi sull'interazione tra regista e soggetto (interviste come metodo d'incontro e di dialogo tra regista e soggetto), uso d'immagini d'archivio per esaminare questioni storiche (studi antropologici);

5. *riflessiva*: richiamo dell'attenzione sulle presupposizioni e sulle convenzioni della regia (metacinema), aumento della consapevolezza dello spettatore che la rappresentazione della realtà da parte del film è una sovrastruttura, produzione dell'effetto "Ah!" in cui si impara a guardare più a fondo, a mettere in dubbio se stessi e la propria percezione del mondo (*L'uomo con la macchina da presa* di Dziga Vertov);

6. *rappresentativa (o interpretativa)*: approccio personale e soggettivo (autobiografico), rifiuto dell'obiettività a favore del ricordo e dell'affetto (sperimentali, biografie, cinema privato o diari filmici).

Il cineasta solitario solitamente predilige la modalità osservativa. L'essere solo di fronte al testimone-soggetto crea coinvolgimento immediato, creando un'intimità che è tipica del cinema diretto.

CAPITOLO QUINTO
# Considerazioni sul processo creativo

## IL CINEASTA SOLITARIO DI FRONTE ALLA REALTÀ

La consapevolezza del bisogno del contatto diretto, da parte del cineasta, tende a mettere al centro del suo lavoro l'incontro come esigenza primaria. L'approccio al reale conseguente è la ricerca al fine di scoprire la verità più profonda delle cose, non illustrando la superficialità dei fatti ma riscoprendo la loro autenticità. Arrivare a incontrare realmente l'uomo.

All'inizio della produzione di un documentario il cineasta solitario si pone a confronto con lo studio e con la conoscenza del soggetto filmico. In questa occasione la macchina cinema – ridotta ai minimi termini – si spoglia, in un certo senso, della sua rigida impostazione dando così alle persone che saranno filmate la possibilità di riconoscere dietro al solo regista i ruoli di una squadra di ripresa. Bisogna sempre cercare di stabilire un rapporto di parità tra chi sta dietro e chi sta davanti alla macchina da presa.

Ma la fiducia non è sufficiente, bisogna essere disposti a imparare gli uni dagli altri.

È nell'alchimia di forma e metodo che il prodotto trova la sua forza d'impatto sullo spettatore, e quanto più essa permette di integrarsi o immedesimarsi nel punto di vista attraverso il quale è vissuta l'esperienza filmica, tanto migliore sarà la risposta di presenza del pubblico. Il processo di produzione di un documentario parte da un'esperienza e si conclude con un'altra esperienza. La prima attiene al racconto personale, l'ultima alla messa in forma collettiva della memoria.

Fare cinema in solitaria comporta un'operazione di messa a nudo, inevitabile, da parte del regista, nei confronti di chi partecipa al film.

Nella pratica documentaria i cineasti solitari sul campo devono possedere resistenza e spirito di adattamento, sia rispetto alle scomodità che alcune situazioni presentano, sia nei confronti dei tempi di attesa e di conoscenza del soggetto per i quali la pazienza è fondamentale. Questa è una realtà imprescindibile del fare documentario. La frequentazione prolungata delle persone e dei luoghi, che si esprime generalmente attraverso la lunga durata della fase di realizzazione, approfondisce la conoscenza intima delle persone e delle situazioni. È fondamentale saper ascoltare.

Delle volte l'incontro dell'autore con la rivelazione del personaggio filmato è del tutto casuale, perciò il cineasta deve avere nel subconscio una disposizione all'andare a naso, cioè avere fiuto, una sorta di sesto senso cinematografico nel captare potenziali circostanze eccezionali. Alla base dello sviluppo di questo senso sta, sicuramente, la conoscenza profonda del campo d'azione nel quale si muove il cineasta. Il regista Pierre Perrault propone al riguardo una riflessione su questa concezione, convinto delle virtù dell'osservazione lunga e paziente.

"Lo interessa tutto ciò che si muove! Così descrivo il cacciatore e l'inquietudine infaticabile del suo sguardo. L'occhio del cacciatore è particolare. Non ha niente a che vedere con la curiosità dei comuni mortali che passeggiano nei campi. Intuisce più di quel che vede. Come se gli bastasse un minimo indizio. In inverno, quando la lepre è bianca come la neve, nella confusione della macchia, vede l'occhio. Anche se è minuscolo. Come una rivelazione. Come se un solo indizio potesse contenere e significare l'invisibile, smascherare i travestimenti, rivelare una neve vivente. E da una traccia minima deduce tutto l'animale, lo ricostruisce immediatamente, lo scova nel rifugio, lo ricompone da un solo tratto."[1]

La scelta del momento per iniziare una ripresa è frutto di un tempo di paziente attesa spesso molto lungo. Per il cineasta che si preoccupa dello studio del soggetto questa attesa è un modo per andare oltre a una semplice confidenza. L'intimità che si viene a creare in un rapporto fra due persone permette al cineasta un'osservazione dall'interno della situazione. È vero, d'altra parte, che il documentarista, non restando tutto il tempo accanto al personaggio, può mancare ad alcune svolte importanti che avvengono in sua assenza. A questo punto si deduce che l'intelligenza delle riprese sia più una questione di scelta rispetto a quando essere presente. Operare nel mondo reale vuol dire accettare il passare del tempo, sul quale il documentarista non ha alcun potere di intervento.

## FARSI DIMENTICARE

Un documentarista non può permettersi di essere un passante: deve vivere insieme alle persone che filma, per accedere all'intimità della vita privata. Il documentarista è quindi un mediatore che è riuscito a farsi accettare, inosservato ma presente.

"Farsi dimenticare, appartenere al paesaggio, confondersi con la folla, è un'attitudine fondamentale per il cineasta che cerca di entrare in contatto con il reale. Deve abbandonare un'identità troppo appariscente, ogni dettaglio che può farlo notare. I tecnici del cinema diretto sono anche degli psicologi, e il loro tentativo di 'cancellazione' necessita di una profonda conoscenza del comportamento umano legata alla passione per il suo studio [...] Il cameraman, così come l'ingegnere del suono, deve utilizzare il proprio strumento con la discrezione che solo l'abitudine al mimetismo può dare. Devono essere capaci istintivamente di confondersi nella folla, non fare mai gesti bruschi per richiamare l'attenzione della troupe, non strillare mai, parlare il meno possibile, e sempre di cose che non riguardano il film. L'arte del mimetismo si impara e diventa una seconda natura. Durante le riprese di *Les inconnus de la terre* (*Gli sconosciuti della terra*), era molto difficile sapere se Brault avesse filmato o meno, dato che faceva credere che non stesse filmando, e aveva l'aria di considerare la piccola KMT (nascosta da uno straccio di stoffa che lasciava vedere soltanto l'estremità dell'obiettivo) come un oggetto senza importanza e che comunque non funziona."[2]

In questa tipologia d'approccio la videocamera sembra diventare invisibile. Il documentarista è alla ricerca incessante di momenti di rivelazione dell'istante, per poter restituire attraverso la sincerità delle immagini l'autenticità del protagonista. Il cineasta deve essere disposto all'ascolto ed essere in costante stato d'allerta per percepire potenziali circostanze eccezionali dove qualcosa si sta per rivelare.

[1] P. Perrault, *L'œil du chasseur (Hommage à Léo Gervais)*, in "Métiers d'art", vol. 3, n. 1, aprile 1994.

[2] M. Ruspoli, *Le groupe synchrone cinématographique léger*, Rapporto UNESCO, 1963.

CAPITOLO SESTO

# La scrittura (prima, durante e dopo)

RACCONTARE

La parola storia viene dal latino *historia*, che deriva dal greco *istor*, "colui che ha visto". Pertanto *historia* è la cosa vista da un testimone. Narrare trae origine dal latino *narus*, che significa "esperto", da cui deriva anche la parola esperienza; quindi all'origine: "conoscere una cosa avendone fatto l'esperienza", che condivide le prove con gli altri. Il percorso narrativo è la trama.

Il racconto si delinea in maniera spesso non prevedibile rispetto al punto di partenza prefissato. "Che cosa c'è prima del film? Non necessariamente una sceneggiatura, solo l'indicazione di una direzione, di un orizzonte, di un'inclinazione. O, ancor più semplicemente, un incontro. Da quest'avvenimento nasce un film, l'avventura dell'incontro diventa la sceneggiatura che si gira giorno per giorno."[1]

Ma il film non è la storia che stiamo vivendo, ma una metafora di essa. La fase di montaggio aiuta a prendere distacco dalla storia per arrivare a generare un nuovo racconto che apparterrà solo al pubblico.

LA NARRAZIONE

Qualsiasi forma di esposizione sequenziale di fatti e di eventi, veri o inventati, ha un carattere narrativo. Questo vale per la fiction come per la documentaristica (anche quella radiofonica). Ciò non significa il rispetto della cronologia, ma osservare una struttura che debba essere lo scheletro del proprio film, grazie al quale esso si possa muovere liberamente e dare senso allo spettatore. Un film senza struttura rimane qualche cosa di informe, senza capo né coda, indefinito, indistinto, che ci lascia senza sorpresa perché in fondo manca la sostanza. Il conflitto (o contrasto) drammaturgico è l'elemento chiave di un percorso narrativo, nasce dalla contrapposizione tra autore-personaggio, personaggio-personaggio e personaggio-luogo. Il conflitto genera le domande: "Ora come andrà a finire?", "Chi la spunterà?", "Io, spettatore, con quale dei personaggi mi identifico?".

A volte il contrasto drammaturgico è insito nella storia, altre volte è l'autore che cerca di farlo emergere, provocando la realtà (messa in scena).

Prima di raccontare una storia è fondamentale identificare il mondo narrativo, cioè presentare l'ambiente e i personaggi che vogliamo presentare. È importante per il pubblico capire *dove* essa verrà ambientata e *chi* saranno i protagonisti, solo a questo punto avverrà un *cambiamento*, un conflitto una rottura, una crisi, una tensione che il regista è pronto a raccontare.

Generalmente anche nel documentario non si scappa dalle convenzioni narrative, come quella teatrale divisa in tre atti. Una storia si racconta in base a un cambiamento: il passaggio da un ordine iniziale a un disordine intermedio per terminare in un nuovo ordine (anche detto finale).

Per definire un mondo narrativo, cioè ciò che c'è all'inizio della storia (*atto primo*), l'antropologo Carlo Tullio Altan ha isolato sette valori identitari di base:

1. *topos*: il territorio, il luogo dove ci troviamo, l'ambiente;
2. *epos*: la memoria storica, i ricordi (il passato);
3. *ethos*: i valori condivisi (morali e culturali), le norme di convivenza (politica, religione);
4. *logos*: i comuni linguaggi (verbali e non verbali) che determinano un'appartenenza, anche abbigliamento, architettura, gastronomia, elementi identitari;
5. *genos*: i rapporti di parentela, strutture relazionali;
6. *telos*: gli obiettivi comuni, il fine, lo scopo, la direzione (il futuro);
7. *chronos*: il tempo nel quale avvengono i cambiamenti, solo Dio e Topolino vivono in un mondo senza tempo.

Questi elementi sono intrinsechi a tutte le storie, essi sono relativi ai personaggi e al loro ambiente. Una volta definiti, è possibile creare un *cambiamento* che ci porterà in un nuovo mondo, avremo così raccontato una storia. Il mondo fornisce alla storia originalità e complessità, mentre la storia è un mezzo per rendere questo mondo visibile e conoscibile. Nel documentario questa visibilità è mediata dal evidente punto di vista del regista.

Le tematiche del film documentario possono essere: sociologiche, antropologiche, etnografiche, d'inchiesta, storiche, di viaggio, politiche, scientifiche, divulgative, naturalistiche, didattiche, industriali, sanitarie...

Ma il tema non è la storia, ma solo l'idea, l'intento narrativo che ci sta dietro. Attraverso una storia esponiamo una tematica o affrontiamo un tema mettendo in relazione diverse storie che interagiscono. Dietro a un documentario si trova sempre il tema, ma in un documentario d'autore normalmente sono le storie e lo stile registico a farla da padrone. Il tema invece prevale soprattutto nei documentari televisivi.

## VISIONAMENTO CONTINUO

Il cineasta solitario, a differenza del regista che usa una modalità di ripresa più classica, ha spesso la necessità di visionare continuamente il materiale girato. Ciò accade perché le riprese avvengono solitamente sul lungo periodo ed è quindi necessario capire la direzione che la storia prende. Il visionamento continuo per il cineasta solitario è un modo per confrontarsi con il proprio lavoro, confronto che viene a mancare lavorando da soli. Visionare e caricare le immagini su un computer aiuta il regista nel continuo riassetto della narrazione. Succede anche che i registi mostrino il girato ai propri testimoni-soggetti. Lo fece già Robert Jospeh Flaherty con *Nanook of the North* (*Nanuk l'eschimese*), il quale – malgrado le difficoltà tecniche del tempo – mostrava i giornalieri a Nanook e alla sua famiglia, in modo da renderli partecipi e complici di quello che sarebbe stato il documentario sulla loro vita nelle fredde terre canadesi. Questo metodo serve anche per anticipare il vero confronto con il primo spettatore del lavoro di ripresa: il montatore.

## MONTAGGIO

La maggior parte degli autori solitari decide di realizzare il montaggio con un professionista, con il quale leggere le immagini e i suoni registrati, individuare gli snodi drammaturgici, stabilire una struttura narrativa, costruire l'intreccio e realizzare la scrittura definitiva del documentario. Spesso il regista arriva in fase di montaggio con un premontato, una bozza, uno schizzo del film.

Il rispetto del ritmo del racconto racchiuso in ciascuna inquadratura messo in atto nel *tournage* determina poi in fase di montaggio la lettura di un'inquadratura che contiene già una narrazione, un suggerimento di premontaggio. L'attenzione del cineasta deve essere rivolta sia al tempo della durata della sequenza come pure alla scelta di inquadrare un determinato momento (azione) attraverso il quale sia possibile andare più in profondità, ovvero avvicinarsi alla metafora della storia che il film rappresenta.

Il montaggio è il momento della produzione in cui viene rielaborato il senso. In questa fase il confronto con una quantità di ore di girato eccessive e con delle sequenze interminabili si risolve con la ricerca di un equilibrio del discorso selezionando gli aspetti più centrali ed essenziali per la narrazione. In altri casi, la complessità di una sequenza può rivelare l'autenticità di un personaggio, nel suo modo di porsi, nei suoi ritmi, nei suoi dialoghi quanto nei suoi silenzi.

[1] J. Breschand, *Le documentaire: l'autre face du cinéma*, Les Cahiers du Cinéma, Paris 2002 (ed. it. *Il documentario: l'altra faccia del cinema*, Lindau, Torino 2005, p. 70.

CAPITOLO SETTIMO
# Esperienze in solitaria

Per meglio capire chi opera in solitaria, è utile ascoltare chi applica questo metodo e in quale situazione.

Sono stati scelti quattro registi, vicino agli autori, dei quali sono riportate le interviste, che illustrano le diverse motivazioni e posizioni riguardo alle esperienze *one-man film crew*. Ognuno di loro ha una ragione specifica che lo ha indotto ad optare per la modalità in solitaria. Discrezione, pericolo, libertà, vicinanza: sono le caratteristiche dei loro film che diventano un esempio di questa modalità di lavoro.

## INTERVISTE

### Mohammed Soudani
Autore del documentario *Guerre sans images*, 2002

Nato a El-Asnam in Algeria nel 1949, dopo gli studi presso l'IDHEC (Institut des Hautes Ecoles Cinématographiques) di Parigi lavora come cameraman alla TV algerina. Dal 1972 al 1986 è impiegato presso la Polivideo SA in Svizzera, dapprima come cameraman e, dal 1980, dopo una formazione negli Stati Uniti, come direttore della fotografia.

Firma, come direttore della fotografia, innumerevoli opere liriche e film lungometraggi.

Nel 1997 passa alla regia e realizza il suo primo lungometraggio: *Waalo Fendo, là dove la terra gela*, selezionato al Festival di Locarno nello stesso anno e, in seguito, a numerosi altri festival. Nel 1998 gli viene conferito il Prix Cinéma Suisse 1998 per il miglior film di finzione. Tra il 1992 e il 2007 realizza numerosi documentari per la televisione svizzera.

È del 2002 il lungometraggio documentario *Guerre sans images*, in concorso alla "Semaine de la Critique" al Festival del Film di Locarno e presentato in seguito a innumerevoli festival in tutto il mondo, tra i quali Karlovy Vary, Sšdeborg, Amsterdam, Biennale de l'Istitut du Monde Arabe – selezionato dai "Cahiers du cinéma" per il festival d'Automne, Paris. Seguono la fiction TV *Roulette* nel 2007, *Taxiphone* (2010), un film girato nel deserto algerino, *Lionel* (2009), una fiaba moderna ambientata fra la Svizzera italiana e l'Africa, nel 2012 il documentario *Un bel giocare* e nel 2014 il film *Oro verde*.

SINOSSI
*Guerre sans images racconta il ritorno del regista nel suo Paese natale, l'Algeria, dopo un'assenza di trent'anni. Con la camera a mano, segue i passi del fotografo Michael von Graffenried, partito per ritrovare gli algerini che aveva fotografato a loro insaputa tra il 1991 e il 2000, ai quali vuole restituire delle immagini che sostiene di aver, in qualche maniera, "rubato". La camera, testimone di questi ritrovamenti e nuovi incontri, tenta di catturare i momenti di verità di queste persone che non hanno niente da perdere nel liberarsi davanti alla videocamera. Uno sguardo contraddittorio, complesso, specchio di un Paese dove risate e pianti s'intrecciano. Un Paese che vuole vivere, dimenticare la sua tragedia e che, tra Oriente e Occidente, è sempre alla ricerca della propria identità.*

*Come è nata l'idea del documentario* Guerre sans images?
Spesso il caso fa accadere degli incontri. Ero in Costa d'Avorio dove tenevo un workshop ed ero uno degli insegnanti che si occupava di cinema, riprese e regia. C'erano altri professionisti per diverse materie che arrivavano dall'Europa. È stata in quell'occasione che ho incontrato Michael von Graffenried. Lui insegnava fotografia. Una sera mi ha detto di conoscere i miei lavori e ha raccontato di essere stato nel mio Paese, l'Algeria, dove aveva fatto

un'esperienza magnifica anche se molto dura. Mi ha mostrato il suo libro di fotografie sulla gente del mio Paese e io ne sono rimasto veramente colpito. Ero segnato da queste immagini perché mi parlavano e mi facevano delle domande. Quel libro mi ha fatto capire che dovevo sapere di più su ciò che era accaduto e quindi ho sentito che era il momento di muoversi. Ho detto a Graffenried di avere un'idea, non sapevo ancora di preciso in che cosa consisteva, ma i suoi scatti mi avevano toccato a tal punto da non poter rimanere insensibile. Due settimane dopo il mio rientro in Svizzera l'ho chiamato per incontrarlo. L'idea del progetto documentaristico che avevo in mente era di scegliere delle fotografie dal suo libro e di andare alla ricerca di quelle persone senza avvisarle del nostro arrivo. Ho quindi cominciato a mettere il progetto su carta. Ho pensato di partire con la macchina a mano, seguendo il fotografo nella ricerca delle persone fotografate. E così è stato.

*Quanto è importante per un autore avere un'urgenza narrativa?*

L'urgenza è una cosa importante, che brucia all'interno dell'individuo e arriva quasi a obbligare un autore a muoversi in quel momento per fare una determinata cosa. Non esistono più ostacoli, tutto diventa possibile. Questa urgenza ti rende cieco, nel senso che non pensi più al pericolo perché il progetto è più importante di te. In quel momento tutto è messo in gioco per riuscire a realizzare il film.

*Per quali motivi un autore decide di lavorare da solo?*

Io direi che si lavora da soli per dei temi specifici perché il punto di vista che si è scelto implica il fatto di essere da soli nella realizzazione del film, in un rapporto diretto. Lo si fa anche perché come autore si ha paura di essere frenati. C'è la paura di non riuscire a portare a termine un desiderio di ricerca, di una verità da mettere in evidenza. Spesso l'autore solitario ha la necessità di muoversi da solo, perché per alcuni progetti non è facile trovare dei collaboratori che credono al 100% nel progetto e che vogliono impegnarsi.

*Secondo te, esistono dei limiti nella pratica del documentarista one-man film crew?*

Sicuramente sì. Bisogna sempre valutare fino a che punto ci si può spingere nella privacy delle persone. Sta all'autore avere l'intelligenza e l'equilibrio di fermarsi prima di andare oltre. Non è necessario far ribadire delle cose che sono dolorose per i protagonisti e che fanno male. I freni che un autore si dà servono a garantire il rispetto nei confronti delle persone filmate.

*Qual è il ruolo di un produttore accanto a un cineasta solitario?*

Spesso queste operazioni vengono fatte da produttori che conoscono il regista. Sanno chi è e quindi esiste un rapporto di fiducia già in partenza.

Senza questo rapporto è difficile realizzare questo tipo di documentari perché i produttori richiedono di presentare un progetto scritto. Secondo me se non c'è un forte rapporto tra il produttore e l'autore, l'unico modo per riuscire a girare un film in solitaria è che l'autore sia lui stesso il produttore, e allora di problemi non ce ne sono. In ogni caso, nell'opzione di avere al fianco un produttore, tra i due deve esistere una relazione molto forte.

*Le nuove tecnologie di ripresa audiovisiva quanto hanno influenzato la possibilità della pratica in solitaria?*

È la rivoluzione totale. Nonostante io sia nato come regista con il formato pellicola 16 e 35mm non rimpiango nulla. Ciò che intendo dire è che personalmente trovo straordinario il fatto che tutti possano parlare e raccontare.

*Esiste un prezzo da pagare per questa libertà?*

Secondo me sì e no. Il problema è che quando si pianifica si ha una certa sicurezza rispetto al risultato, mentre se si va all'avventura può capitare di non riuscire a concretizzare l'obiettivo. Il prezzo da pagare è quello di immettersi su una via e di non ottenere il prodotto che si voleva.

C'è un prezzo da pagare anche a livello economico quando le cose finiscono male e si fallisce nella missione. Poi ci sono altri fattori che, a volte, si vivono sulla propria persona, come la delusione del fallimento. Quindi, l'autore deve essere sempre cosciente e attento. Deve sapere quando fermarsi e riflettere su ciò che sta facendo, prima di fare un passo troppo lungo e finire male.

*Oggigiorno siamo quotidianamente sommersi da immagini.*
*Come si riconosce la presenza di un autore dietro alle*
*immagini?*

Il problema, oggi, è che c'è una grande banalizzazione. In un primo momento si sono abbassati i prezzi della vendita degli strumenti di ripresa audiovisiva: se una volta il documentario veniva venduto alla cifra di 1000, oggi lo si vende a 10. Si è creata confusione perché non solo i professionisti filmano ma chiunque lo può fare. Con la banalizzazione tutti possono costruire tutto e bisogna stare attenti a quello che sta accadendo. Da una parte "viva la democrazia", dall'altra il problema è che per i professionisti, trovare il proprio equilibrio non è evidente. C'è un'inflazione dell'immagine. Secondo me, il professionista si distingue dagli altri con il prodotto che riesce a compiere con qualsiasi mezzo.

**Fulvio Mariani**
Autore del documentario *Cumbre*, 1986

Nato a La Chaux-de-Fonds (Svizzera) nel 1958, fin da ragazzo coltiva la passione per l'alpinismo e la fotografia. Nel 1981 inizia la sua attività di cameraman presso la Televisione Svizzera di lingua Italiana. Nel 1983 partecipa alla sua prima spedizione alpinistica sull'Himalaya, alla parete nord dell'Everest. Durante questo viaggio gira i suoi primi tre documentari. Nel 1985 segue la prima ascensione solitaria di Marco Pedrini del Cerro Torre. Pedrini e Mariani scalano più volte il "Torre" per documentare l'impresa. Pedrini scompare l'anno seguente alla realizzazione di *Cumbre*, in un incidente alpinistico. Al film *Cumbre* vengono assegnati molti riconoscimenti ufficiali ed è grazie a questo lavoro che Mariani inizierà a lavorare in proprio, specializzandosi prevalentemente in filmati d'avventura.

Ha partecipato alla spedizione internazionale alla parete sud del Lhotse guidata da Reinhold Messner dove ha realizzato *200 metri al 21° secolo* e alla spedizione diretta da Jerzy Kukuczka; *L'anno nero del Serpente* è l'ultimo omaggio al grande alpinista polacco. È autore della fotografia in parete del film *Grido di pietra* diretto da Werner Herzog.

Dal 1999 dirige la ICEBERG-Film, con la quale ha prodotto molti documentari. Collabora come direttore della fotografia e autore per diverse emittenti televisive.

SINOSSI

*Nel novembre del 1985 l'alpinista luganese Marco Pedrini scala in prima solitaria e in giornata la parete est (via Maestri) del Cerro Torre. Alcuni giorni dopo Pedrini con il cineasta ticinese Fulvio Mariani rifà la stessa via documentando le varie fasi dell'ascensione. La storia di una sfida personale alla via del Compressore, aperta da Cesare Maestri, sul versante est di una delle montagne-simbolo dell'alpinismo. Grande scalatore ticinese, Marco Pedrini è ricordato da tutti come un arrampicatore geniale, curioso, un po' sfacciato, sempre alla ricerca di innovazioni. Lascia alla storia dell'alpinismo una lunga lista di imprese che hanno impresso svolte importanti nella storia dell'arrampicata.*
*Cumbre racconta proprio una di queste imprese.*

*Come è nata l'idea del documentario Cumbre?*

*Cumbre* è il mio primo documentario come autore, come regista. Non è il primo come direttore della fotografia o come cameraman. È un film del 1985 e ho deciso di girarlo a partire dal giorno seguente al mio licenziamento dalla televisione dove lavoravo come cameraman.

L'esigenza di girarlo da solo nasce prima di tutto dalla situazione geografica del Cerro Torre. Era ed è ritenuta una delle montagne più difficili del mondo. Scalata da pochissime persone. Per questo motivo, pensare di portare, nel 1985, una troupe intera su una montagna del genere era una cosa impensabile. Un altro fattore è quello del voler seguire un alpinista, uno tra i più forti al mondo, che cercava di scalare questa montagna in solitaria. Lui era lì per fare un'impresa sportiva, alpinistica. Si trattava di seguire le sue gesta in maniera immediata.

E non da ultimo l'aspetto economico, perché uscito dalla televisione ero senza lavoro. Soldi non ce n'erano, né per il film né per sopravvivere e quindi bisognava limitare tutto. *Cumbre* è nato proprio da un lavoro da *one-man*, se escludo alcune scene che sono state girate da due persone perché c'era mia moglie che mi dava una mano a portare il cavalletto, ma più di così non abbiamo fatto. È stata una scelta determinata dal fattore economico e da quello logistico. Non lo faccio perché a me piace lavorare da solo, anche se confesso che mi piace, ma lo faccio perché c'è un'esigenza ben precisa. In quel caso era determinata dalla tipologia del lavoro che andavamo a fare.

*Quali sono le tue urgenze quando decidi di realizzare un documentario?*

Ci sono molti fattori che entrano in campo. Più si va avanti e meno soldi ci sono. Per il documentario è più difficile l'accettazione dei progetti e quando si trovano i finanziamenti, il budget è limitato e si deve dunque trovare il modo di ridurre i costi. A volte si affronta la fase di riprese da soli o, al limite, con un amico che dà una mano. Le urgenze sono di fattore economico e di fattore logistico, ma soprattutto di mobilità. I documentari non sono fiction.

Credo che spesso essendo da solo in relazione con una persona è possibile farsi aprire delle porte, e questo non è possibile con una troupe grande. Se il tutto si riduce a una o due persone, è possibile scavalcare la barriera determinata dalla macchina da presa e si può andare in profondità nelle storie che altrimenti sarebbe difficile penetrare.

*Esistono, secondo te, dei limiti nella pratica* one-man crew?

Secondo me, è possibile fare un bellissimo lavoro di fotografia anche filmando da soli. La mia fortuna è quella di arrivare dal campo della fotografia, con una formazione di cameraman. Ho avuto anche la possibilità di lavorare su dei set cinematografici, dove ho consolidato la mia esperienza dietro la macchina da presa. Per me, per il lavoro che faccio, la macchina da presa non è un vincolo o un ostacolo. Anche quando filmo in solitaria riesco a concentrarmi su quello che devo fare, al di là dell'immagine. L'aspetto tecnico non mi condiziona più di tanto e questo è sicuramente un vantaggio. Secondo me, i grossi limiti di questo metodo di lavoro diventano tangibili quando si è proprio soli e non si ha nemmeno un tecnico del suono. I limiti sono proprio quelli legati alla ripresa audio.

*Quanto è importante, per te, il rapporto in prima persona con la realtà che vuoi raccontare?*

Dopo un po' di anni, con l'esperienza, la gestione dello strumento di ripresa non è più un vincolo. Chiaramente si deve aver già ragionato sulla struttura del documentario. Al momento del *tournage* per me filmare diventa come scrivere. Lo scrittore ha il foglio e la penna e scrive il racconto, il cineasta usa la telecamera allo stesso modo, in maniera diretta. La scrittura è più facile quando è l'autore a fare l'inquadratura, piuttosto che dover dare indicazioni a un'altra persona. È un automatismo. La telecamera è un'estensione del mio occhio. È un corpo esterno che è entrato a far parte della mia vita, e alle volte non mi rendo neanche conto che sto lavorando. L'esperienza risolve queste difficoltà che si possono incontrare all'inizio della pratica in solitaria.

*Quale rapporto hai con il tuo strumento di scrittura?*
*Come vivi lo stare alla macchina da presa?*

Non voglio dire che ci si innamora di un oggetto, perché poi quando non serve più si vende. Salvo il primo. La primissima cinepresa l'ho tenuta perché esiste veramente un legame affettivo con quel mezzo. Le altre telecamere le ho sempre vendute o buttate quando erano arrivate in fondo al loro percorso. In generale, la telecamera è un oggetto che fa parte di te stesso. La si porta spesso e volentieri appresso, diventa parte integrante della tua vita;

anche quella non professionale. Ho sempre avuto un rapporto bellissimo con la macchina da presa.

*Quanto le nuove tecnologie per la ripresa audiovisiva hanno influenzato il modo di filmare?*

Con la pellicola si prestava un'attenzione particolare perché ogni metro girato, ogni metro in più, significava mettere mano al portafoglio. Un metro di pellicola andava sviluppato, stampato una volta per avere una copia su cui lavorare e poi stampato più volte per avere delle altre copie. Con l'avvento delle prime telecamere portatili, verso la fine degli anni ottanta, che erano qualitativamente adatte anche per realizzare documentari, personalmente ho avuto una rinascita. All'inizio ho pensato che sarebbe finalmente arrivato un periodo positivo che avrebbe permesso anche ai produttori-realizzatori, con quattro soldi in tasca, di aprire le frontiere del mondo. E all'inizio è stato così. Si apriva la possibilità di poter rimanere a girare per dei lunghi periodi con pochi soldi perché il costo dei supporti di registrazione era contenuto. Quando l'industria del sistema video si è orientata verso i consumatori d'ogni giorno, si è iniziato a produrre un'enorme quantità di telecamere. In molti si sono improvvisati operatori, produttori, registi e lì si è generata una gran confusione. Forse con l'avvento dell'alta definizione e il ritorno a strumenti più complessi sarà possibile riavvicinarsi a un approccio simile a quello del lavoro con la pellicola.

*Quali significati porta con sé la scelta dell'autoproduzione?*

Nel mio caso, produrre credo sia l'aspetto peggiore, il meno interessante di tutta la filiera di un documentario o anche di un film. Detesto dover star seduto a mettere su carta delle cose che ho in testa e che faccio fatica a trascrivere perché scrivere parole non è il mio mestiere. Dall'altra parte, autoprodursi è un grosso vantaggio, perché permette di gestire i tempi in libertà. La mia fortuna è quella di avere una struttura che mi permette di produrre, girare, poter montare e finire un film. E non devo dipendere da nessuno.

*La scrittura del soggetto di un documentario, per te,*
*è da considerarsi come un limite?*

Io la vedo non solo come un limite, ma come una vera menzogna. Spesso il soggetto viene scritto per cercare di convincere il produttore.

Per presentare la storia che si vuole raccontare e spiegare in che modo farò questo. Io cerco sempre di spiegare ai potenziali finanziatori che l'essenza stessa del documentario è l'improvvisazione. Ho in mente una storia, so come iniziare e come la voglio più o meno finire, ma tutto quello che sta in mezzo lo lascio al caso. È fondamentale avere questa capacità d'improvvisazione. L'autore, nel rapporto con un produttore deve essere in grado di improvvisare e di portare a casa un prodotto che si allinei o che assomigli alla proposta presentata al finanziatore.

*Esiste un prezzo da pagare per questa libertà?*

Ha un grande prezzo questa libertà. Filmare da solo è estremamente faticoso.

Alla fine di una produzione sei vuoto. Mi è capitato di rado di finire una produzione, fatta da solo o comunque in una troupe ridottissima di due persone, e iniziare la settimana dopo un altro progetto. Non si è in grado di farlo, perché queste storie ti svuotano. Diventano parte integrante della tua vita, ti assorbono in tutto e per tutto. Quando si termina un progetto in solitaria, si è pagato molto in termini fisici e pure in termini mentali perché queste storie ti esauriscono. Credo che questo valga per tutti, non solo per me.

**Danilo Catti**
Autore del documentario *Giù le mani*, 2008

Nato a Lugano nel 1955, fra il 1976 e il 1981 studia all'INSAS (Institut National Supérieur des Arts du Spectacle et Techniques de Diffusion) a Bruxelles, dove si laurea. Dal 1982 al 1991 collabora come aiuto regista con, fra gli altri, André Delvaux, Marion

Hänsel, Jaco Van Dormael e i fratelli Dardenne. A partire dal 1991 realizza cortometraggi di finzione e documentari per la Televisione Svizzera di lingua Italiana (oggi RSI). Nel 2002 fonda l'Associazione Treno dei Sogni con la quale, nel 2008, produce il documentario *Giù le mani*, film che riceve il Premio del Cinema Svizzero QUARTZ 2009 "Premio speciale della giuria" per l'impegno artistico e politico. Nel 2011 realizza il seguito: *1, due, 100 officine*.

SINOSSI
*Il 7 marzo 2008 la direzione delle Ferrovie Federali Svizzere (FFS) annuncia di voler privatizzare la manutenzione dei vagoni e dislocare quella delle locomotive.*

*Quattrocentotrenta operai delle Officine Cargo di Bellinzona entrano immediatamente in sciopero. In pochi giorni nasce un vasto movimento di protesta che coinvolge tutta la regione. "La pittureria", capannone adibito alla verniciatura dei treni, diventa da subito cuore e simbolo della lotta. Giù le mani è uno degli slogan scanditi dagli operai durante le manifestazioni – arriva al cuore di questa lotta che, oltre alla difesa dei posti di lavoro, pone una questione di portata universale, ovvero il ruolo dell'individuo dentro un'economia sempre più globalizzata. Riporta quindi al centro del dibattito l'uomo e i suoi valori.*

*L'approccio artistico di Danilo Catti si concentra innanzitutto sul materiale umano. Traccia il ritratto di individui impegnati e caparbi, rivelandone l'acuta intelligenza strategica. In questo impeto di resistenza straordinaria, ci mostra l'entusiasmo, la gioia e l'emozione, figli di una grande solidarietà, ma anche l'angoscia, le tensioni e la fatica conseguenti alla pressione e alle incertezze.*

*Com'è nata l'idea del documentario Giù le mani?*
Nel mio caso, il documentario, non nasce da un'idea ma è la realtà che ha il sopravvento. In questo caso stavo girando un altro documentario, ma seguivo un po' da lontano questi avvenimenti che l'ambiente cominciava a scaldare e ho intuito che probabilmente stava succedendo qualcosa di grosso.

Ho aspettato un po' e poi, quando effettivamente è stata presa la decisione di iniziare lo sciopero, sono andato all'Officina e già ero convinto di rimanere. Era evidente che documentare non era una scelta ma un dovere.

Poi, il dovere si è confermato perché non c'erano colleghi né cineasti, quindi autori, presenti alle Officine ma solo squadre televisive, ce n'erano parecchie. Quindi da subito è stato chiaro che nessuno aveva intenzione di seguire in modo diretto e costante quello che stava succedendo. È chiaro, poi, che la storia del Cantone, delle persone che erano lì erano tutti segni di qualcosa che aveva delle radici più profonde e quindi che valeva la pena di essere capito.

Naturalmente nessuno poteva sapere quanto sarebbe durato, quanto sarebbe stata una rivoluzione, e quindi documentare era proprio un atto per accompagnare e registrare – ciò che io intendo come l'anima stessa del documentario – cioè avere una memoria storica, possibilmente con un punto di vista che permetta poi di capire e di raccontare. Questa è stata l'origine di *Giù le mani*.

*Quanto pensi che possa essere importante l'urgenza*
*per un autore?*

Penso che l'urgenza sia fondamentale nella misura in cui si parla di autore. Generalmente, penso che un autore non sia in grado di affrontare tutti i temi, tutti gli stili. Segue una sua linea, una sua strada interiore. Ha una sua storia, ha un suo percorso e una sua linea generale di ricerca e, quindi, come in tutte le ricerche, ci sono delle evoluzioni. Spesso, esistono dei temi che sono dei "temi chiave", che corrispondono a delle scelte, a dei punti di vista sul mondo, sull'uomo, sulla storia; a dipendenza, poi, delle sensibilità e anche della propria formazione.

In questo caso è ovvio che l'avvenimento per me era legato alla storia del movimento operaio, alla storia in generale di tutte quelle classi che sono oppresse, alla storia di chi ha tentato, negli ultimi due secoli, di contrapporre alle logiche di mercato delle logiche più a dimensione umana. Capire quanto fosse possibile e quanto fosse poi consistente tutto questo tentativo di resistenza, per me è stato subito un motore, un'urgenza. Anche perché questo sciopero ha costituito un fatto eccezionale, anche dal punto di vista storico. Eccezionale è stata anche la coscienza, la profondità e la lucidità con cui è stata condotta questa lotta. Quindi, in fondo, l'urgenza era di riagganciarmi personalmente a un discorso aperto che avevo già iniziato con altri lavori. Sostanzialmente equivale a dare voce a chi di solito non ce l'ha. In questo caso gli operai, in quanto classe. Addirittura l'idea di classe è stata tolta dal vocabolario, è quasi un tabù nel vocabolario politico, però la contrapposizione, la lotta delle classi o comunque la differenza tra le classi è ancora una realtà. In fondo, questo sciopero ha riportato questi conflitti soggiacenti alla luce e li ha affrontati realmente, cioè ha effettivamente fatto venir fuori la voce di chi per anni non l'ha più fatta sentire. A questa voce si è poi aggiunto un coro molto più largo, facendo presente a tutti, anche a chi se ne era scordato, che di fatto queste realtà, queste ingiustizie e queste violenze di tipo economico e sociale sono ancora di attualità.

Questo è il legame all'urgenza.

*Esiste, secondo te, un'analogia fra l'operare di un cineasta
e quello che è il lavoro di uno scrittore?*

Sì. Essenzialmente è uguale al lavoro di qualsiasi artigiano. Non vorrei dire artista perché ha un fattore in più che è il valore aggiunto. Per un artigiano della scrittura, della pittura, la narrazione e la strutturazione del racconto, ovvero la drammaturgia, sono fondamentali.

In una prima fase il reale viene registrato, non si registra mai in modo obiettivo-oggettivo assoluto, c'è sempre un punto di vista. Comunque tendenzialmente lo si registra senza decidere a priori quanto possa essere interessante alla fine, almeno nel caso del documentario come lo pratico io. Questo reale viene poi ripercorso, spesso con un certo lasso di tempo che permette di lasciare decantare il materiale. Lo si ri-scopre, lo si ri-capisce o non lo si capisce, anche questo può succedere, e in questo momento interviene il lavoro di scrittura vero e proprio.

Il montaggio consiste nel capire quali sono i percorsi interni, sempre un punto di vista precedente o che in fase di scritturamontaggio si mette in discussione. A partire da questo momento comincia a esistere un film, una narrazione o un documentario.

*Perché e quando un cineasta decide di girare di solo?*
Nel mio caso le cose sono andate avanti progressivamente. Io nasco come cineasta di fiction, quindi un modo molto tradizionale, lavorando con sistemi pesanti; tutto quello che il mondo del cinema e la pellicola implicano. È un sistema ingombrante, io stesso ho fatto delle esperienze e alla fine ho vissuto come un freno queste strutture. Poi, naturalmente, il documentario ha spesso come produttore principale la televisione, c'è sempre una qualche televisione di mezzo – oggi è una realtà per i più indipendenti – e quindi il contatto con la televisione mi ha fatto incontrare un certo tipo di tecnici (operatori, fonici) e un certo tipo di mentalità e cultura del lavoro che non favoriva un approccio autoriale che ha bisogno di molta libertà. È chiaro che un cinema indipendente che è finanziato con dei sistemi classici (un produttore, un regista e dei tecnici) può essere autoriale però richiede dei mezzi notevoli.

Se facciamo un paragone con il documentario sulle Officine, io le ho frequentate per due anni non-stop e quindi, non potendo anticipare e non potendo programmare, vuol dire che devi avere dei collaboratori continuamente disponibili, li devi pagare e questo diventa proibitivo. Poi, l'altra questione per me è etica, deontologica. Un film documentario non ha diritto di costare più di quanto vale. Il mio ragionamento è legato al fatto che le idee non costano niente. Le idee sono frutto di un lavoro, ma sono anche la sorgente di una liberazione personale, fanno circolare la vita. Non puoi far pagare qualche cosa che in fondo ti ripaga e dà il senso alla tua esistenza, non lo puoi sfruttare come farebbe un bravo padrone capitalista. Le devi mettere a disposizione.

Quindi per me il supporto deve essere tendenzialmente povero, proprio perché nell'essenzialità spesso si tocca una dimensione della verità. Ciò che non è essenziale confonde, parassita e perturba. Questa è un'opzione ideologica tra virgolette, una scelta di campo. Anche perché se vogliamo parlare di democraticità di questi mezzi che oggi sono a disposizione, bisogna essere coerenti. Non fare come avviene oggi, dove alcuni cineasti fanno dei film con supporti leggeri, quindi a basso costo, ma li fanno pagare tanto. L'assunto in quei casi è: io sono un'artista e le mie idee valgono molto perché sono rare. Tendenzialmente io sono contrario a quest'idea. Per me le idee fanno parte di un patrimonio collettivo. Se qualcuno le ha è perché da qualche parte le raccoglie e se ha la fortuna che esse rappresentino qualcosa di significativo anche per altri, per me, può già essere contento. È un po' strana come posizione, mi rendo conto. Questo discorso è legato al fatto che diventa difficile poi chiedere a delle persone che vivono di questo mestiere di sposare completamente una logica di questo tipo. Non vuol dire che io non vivo con il mio mestiere, con il mio lavoro, o che non ritengo giusto che le persone vengano retribuite, dico solamente che ci sono dei limiti.

Ciò non toglie però, che si possa lavorare anche con altre persone. Per me la squadra ideale, dal punto di vista del documentario è la squadra a due. Idealmente un operatore e un regista fonico. Proprio perché il suono è una componente determinante per la narrazione, anche quando non c'è verbalizzazione. Il suono implica un punto di vista e partecipa a pieno titolo alla scrittura e alla narrazione, di un punto di vista autoriale.

*Cosa vuol dire per te essere produttori di se stessi?*

L'Associazione Treno dei Sogni[1] fa sempre parte di una visione politica, in senso largo, quindi cosa vuol dire oggi produrre un film; entrare in alcuni circuiti e soggiacere a certe logiche. Un produttore ha una struttura che ha un costo e soprattutto ha una *forma mentis* che è quella di far funzionare un prodotto perché piaccia a un certo tipo di pubblico.

Quindi, devi già trovare quel produttore che in qualche modo possa essere d'accordo con te sul fatto che non sia per forza questa l'unica logica possibile. Un'associazione che non ha scopo di lucro e che ha una finalità di tipo sociale permette in qualche modo – anche pubblicamente, come un gesto provocatorio – di dire che si può produrre anche altrimenti. Si può produrre addirittura in una logica anti-produttiva, cioè che nega l'idea di un profitto, di un guadagno in termini economici. Il guadagno è di un altro tipo di valore aggiunto, perché il film non è che non circola, ma non circola con le stesse finalità. Questa è un po' la premessa.

Essere produttori di se stessi, attraverso una struttura così, vuol dire sostanzialmente poter decidere dall'inizio alla fine; primo di fare un film anche se non ci sono mezzi, secondo di decidere dove investire i mezzi. Vuol proprio dire di potersi permettere di girare per due anni, di non essere pagati, perché si può avere un'altra entrata e di investire per sei mesi nel montaggio, se si pensa che questo sia fondamentale per rispettare il materiale nella sua interezza (quindi, molte ore di visionamento). Lascia molto margine di scelta in funzione delle esigenze di quel film lì e non di un altro.

A priori è uno schema molto elastico e molto aperto. Poi, la mancanza del confronto per me è molto semplice. Basta, in un qualche modo, coltivare in sé le due persone, il produttore e il regista. Io mi sono allenato in questi anni, dirò sinceramente perché i produttori che ho incontrato spesso mi hanno un po' deluso. Mi sembravano preoccupati di cose che non erano così importanti e meno sensibili a quello che a me sembrava esserlo. Per cui, anche una personalità autoriale deve potersi esprimere e trovare qualcuno che vada in quella direzione lì, non che venga con delle altre preoccupazioni. È chiaro, può essere una debolezza se tu perdi qualcuno che ti appoggia o può essere una forza, se non hai un elemento di disturbo, che ti distoglie, che ti fa perdere tempo e che ti toglie energie.

Pertanto, io convivo con due persone, che sono il produttore che dice: "Ma guarda questa cosa qui non la capisce nessuno, è noiosa, il primo grado non è risolto, il secondo atto è troppo lungo", insomma che fa questi discorsi. Poi c'è l'autore che dice: "Hai ragione, è noiosa perché è troppo corta: adesso io te la allungo un po', poi domani lo rivediamo assieme".

Quando sono in moviola io mi sdoppio letteralmente. Ci sono due persone in me che vedono il film con occhi diversi, per quanto possa essere possibile, e che cominciano questo dialogo. Una scrive su un calepino fisicamente, facendo delle osservazioni molto tecniche e professionali. L'altra risponde più di cuore, più di pancia e d'intuito, in modo anche affettivo, pur tenendo presente gli argomenti dell'altro. In questo dialogo compenso questa mancanza, ma non è che non ci siano le due funzioni.

*Qual è l'esigenza narrativa oggi rispetto alla seconda parte del film* Giù le mani?

Lo sciopero ha interessato i media perché era spettacolare. Quando c'è un gruppo di 400 operai che si rivolta e che tiene testa al potere, è chiaro che ciò sia molto stuzzichevole. Poi, concluso uno sciopero, quando si riprende il lavoro e si rientra nella normalità tutto è a posto. Quindi, di solito, la storia finisce lì. Di fatto la storia non finisce lì. Di fatto la storia comincia lì. Questo perché la vera storia di tutti noi è fatta di normalità, di quotidiano e di gestione dell'ordinario. La differenza sta nel rendere questo ordinario continuamente straordinario. Qui centra l'autorità di ognuno di noi rispetto alla propria vita, cioè in che modo io la vivo, la racconto, la abito, la metto in relazione affinché la normalità non sia mai una ripetizione, ma sia un rinnovarsi. Per me non si è nemmeno posto il problema. Io avrei accompagnato. L'ho detto sin dall'inizio quando sono arrivato in quell'officina che sarei rimasto lì fino alla fine. La fine non sai mai quando è. Adesso, mi sembra che rispetto a questa storia sulle Officine, si intravede una sorta di fine, almeno di un tipo di percorso. La continuazione, questa seconda parte dello stesso film, sostanzialmente è la complessità nella normalità. È la narrazione di quanto sia diabolicamente perverso il sistema, quindi il nostro mondo del lavoro, il nostro modo di vita e di produzione, di relazione nei rapporti sociali, politici ed economici tra le classi e infine, quanto possa essere tenace la resistenza – la capacità di essere costruttivi nel conflitto – da parte di una delle due parti, in questo caso dalla parte operaia.

Questa è una storia eccezionale, proprio perché non la racconta nessuno e perché tendenzialmente non la si vede. La direzione delle Ferrovie, dalla fine dello sciopero continua a dire che tutto va bene, che si è tornati alla normalità e che adesso basta produrre e recuperare terreno, quella parte lì che non si vede è una parte a suo modo straordinaria. Per me adesso il tentativo è quello di dire "noi abbiamo sempre nel nostro quotidiano un potenziale di straordinarietà". Spesso non la vediamo o non ci crediamo più e non investiamo. Nella misura in cui non ci crediamo e non investiamo, non succede. Questa storia sulle Officine vuole raccontare quanto poco basti per farlo succedere. È il racconto di un tentativo di lotta all'alienazione, alla noia e al non-senso del lavoro come dell'esistenza.

*Quanto il cambiamento delle tecnologie ha influenzato la considerazione del poter girare in solitaria?*

Il mio primo documentario l'ho fatto in co-regia con un operatore, in Francia, si chiamava *Flobards* (in 16mm). La pellicola era contata ed è stato interessante scoprire quanto fosse determinante la gestione dei mezzi. È stata per me una lezione molto importante. Poi, quando io ho finito la scuola, cominciavano ad apparire i primi registratori video, che erano degli apparecchi pesanti, però si intuiva che quella sarebbe stata la direzione. Questo offriva il vantaggio di poter registrare molto di più. Ciò ha turbato moltissimo gli autori, perché ha implementato delle modalità di lavoro, soprattutto nel montaggio, molto diverse. In particolare, non si poteva lavorare con le bobine come in precedenza. In pellicola si sincronizzavano le varie sequenze che venivano messe su delle bobine numerate. C'era già un modo mentale di lavorare, di ordinare e di muoversi dentro questi materiali. Quando si cominciava a tagliare bisognava già sapere cosa si stava facendo. Poi, le parti tagliate potevano essere spostate all'infinito, questa è la specificità del montaggio, ovvero il rapporto nello spazio e nel tempo che può essere modificato a piacere.

La fase intermedia, quindi le registrazioni su nastro analogico, hanno modificato questo modo di fare obbligando, in fondo, chi lavorava a fare delle specie di collage perché dovevi cominciare e poi finire. Copiando su nastro, per ordine di entrata delle scene. Per una decina o quindicina d'anni non si è più lavorato con il sistema di bobine con la moviola classica. I mezzi digitali, paradossalmente, sono stati un ritorno all'origine perché semplicemente hanno messo a disposizione del cineasta uno strumento simile o analogo alla moviola classica. Dove i tagli sono fisicamente rappresentati, si vedono i pezzi di pellicola, li si possono prendere e spostare. Col digitale si ritorna a lavorare come si faceva prima [con la pellicola].

Per me, la rivoluzione digitale non è nel pensiero, nella cultura del lavoro. È un ritorno, in qualche modo, alle origini. È una rivoluzione tecnologica che ha semplificati per alcuni, snaturato per altri la fase di scrittura e di montaggio. Nella sostanza è un ritorno.

Il problema direi che sta nel modo in cui viene oggi insegnato, capito e percepito – proprio perché c'è stata una forte diffusione di questi strumenti, non per forza accompagnata da una sufficiente coscienza delle implicazioni. La pellicola era una buona scuola, non per nostalgia, ma perché ti costringeva a un'economia. Questo mestiere è legato al senso dell'economia. Una buona narrazione è la narrazione più economica possibile. Nulla deve esser lasciato al caso, ciascun fotogramma deve essere necessario e deve avere una ragione di essere lì. La pellicola era un buon inizio per capire questa cosa. Oggi il fatto di non più passare da lì può costituire un problema, è rimediabile, ma tendenzialmente porta a dei percorsi molto lunghi o a delle narrazioni molto destrutturate.


**Michael Beltrami**
Autore del documentario *I nodi di Arnoldo*, 2009

Nato a Colonia nel 1962, all'età di nove anni inizia il suo primo tentativo di cineasta con una cinepresa 8mm. Nel 1981, ancora studente, da autodidatta comincia a girare il suo primo film *Bella?*, che termina nel 1984. Presentato a svariati festival del film europei, il film è stato una rivelazione nella competizione alla 33° edizione del Mannheim International Film Festival. Dopo aver lavorato come assistente alla regia e assistente al montaggio, Michael si è trasferito per cinque anni a Los Angeles, dove ha studiato regia e sceneggiatura alla University of California. Nel 1991 realizza il documentario *Our Hollywood Education*, un originale e, allo stesso tempo, ironico viaggio sul mito del "fare cinema". Grazie a questo documentario, nel 1992 vince il Swiss Film Center Award. Per i seguenti due anni lavora come produttore esecutivo per alcuni lungometraggi indipendenti degli Stati Uniti d'America ed europei. Nel 2004 gira *Promised Land* che è considerato il suo lungometraggio più importante. Dal 1993 collabora con la Televisione Svizzera di lingua Italiana (oggi RSI), realizzando film documentari.

SINOSSI
*Durante la prima parte della sua vita Arnoldo Meier è stato un appassionato di nodi. I nodi gli servivano per praticare meglio alcuni dei suoi tanti hobby, tra cui la montagna e la barca a vela. Chi lo conosceva diceva di lui che era una persona precisa, meticolosa, sempre capace di sorprendere per il suo grandissimo senso pratico; un buon marito e un buon padre di due figlie oggi già grandi.*

*Sino alla soglia dei sessant'anni la sua identità è stata più o meno questa. Poi qualcosa ha iniziato a non funzionare più: vuoti di memoria, comportamenti strani, il suo senso pratico che vacillava. Alcuni test e la diagnosi: è Alzheimer! Il documentario di Michael Beltrami ci mostra Arnoldo Meier in questa sua seconda vita, quella di un ammalato d'Alzheimer di soli sessantasei anni, in un momento cruciale, dove tutto sta per cambiare in modo irrevocabile. Parla del declino di un uomo perso dentro a una malattia misteriosa e della sua compagna costretta a prendere delle decisioni molto dolorose. Nodi che non si possono più sciogliere.*

*Chi è, per te, un* one-man film crew?
Dipende dal soggetto che si ha tra le mani, cosa si sta cercando di raccontare e che tipo di storia. Il *one-man crew*, a seconda del soggetto che sta affrontando, del tipo di film che sta facendo e del tipo di storia che vuole raccontare, secondo me cambia. Io stesso che ho ormai realizzato diversi documentari in solitaria penso che ogni volta lavoro anche in modo diverso. A volte succede che cerco, anche se sono da solo, un confronto. Questa possibilità di dialogo, spesso nasce con le persone che stanno dall'altra parte della telecamera.

Anche se sei un *one-man crew* o un *one-man show*, oserei quasi dire, c'è questo confronto con coloro che sono i soggetti che vengono filmati, ripresi, seguiti e inseguiti, a volte. È con loro che si fa il documentario. Non è tanto fare il documentario su qualcuno o su diverse persone, ma è piuttosto fare il documentario con qualcuno o con diverse persone. Quindi, alla fine, non si è davvero da soli, sarebbe un po' triste come realtà, essere soltanto un osservatore che riprende senza, in qualche modo, coinvolgere quelli che stanno dall'altra parte. Forse, l'*one-man crew* è un aspetto che si può definire soltanto in relazione all'aspetto tecnico, dove uno deve gestire da solo la telecamera o la cinepresa, il suono e anche l'aspetto registico. Non si tratta di un viaggio in solitaria e basta. È la possibilità di coinvolgere altre persone.

*Da quando hai iniziato a filmare da solo?*
Il mio approccio in solitaria è nato quando in realtà da bambino avevo iniziato a filmare con una cinepresa Super8 e avevo l'urgenza di filmare, di realizzare delle piccole storie.

Quest'urgenza ogni tanto mi torna. In quei momenti mi chiedo perché devo scrivere un dossier, realizzare una presentazione, coinvolgere un produttore, coinvolgere più persone, per fare una cosa che, forse intraprendendo questo viaggio da solo probabilmente porterei a casa qualcosa di molto vicino a ciò che avrei lo stesso con tre o sei mesi di ritardo, proprio perché la macchina cinema richiede un certo tempo per essere messa in moto. Questa possibilità di lavorare da solo ti permette, a volte, di godere di questa libertà, di attendere in modo positivo questa urgenza e di fare in modo che questa sia messa in primo piano e non in secondo piano.

*L'one-man crew è un sistema sul quale si punta solo per ragioni di natura economica?*
Può essere, certo. Se tu avessi i soldi o avessi un'infrastruttura sempre presente, pronta a scattare con te e a fare i film al momento in cui ti viene in mente di farlo, probabilmente lo faresti anche in quel modo lì. Lo faresti anche perché è più comodo lavorare con altri.

È chiaro che il più delle volte è quasi una costrizione economica quella di lavorare da solo, non hai la possibilità di aspettare, di coinvolgere più persone, di raccogliere quella cifra che ti permette di lavorare professionalmente con altre persone. Però io, tutto sommato, spesso mi sono trovato anche davanti alla scelta di poter lavorare in équipe oppure lavorare da solo.

Allora non diventa più soltanto una decisione basata sul discorso economico.

È proprio una riflessione sul modo di raccontare. Molti dei documentari che ho realizzato ultimamente credo che se li avessi fatti con un'équipe classica (un cameraman, un fonico, il sottoscritto e magari anche uno script) avrebbero avuto un risultato diverso. Sarebbero diventati un altro tipo di film. Anche perché seguire una persona nella sua intimità, dove si crea quel rapporto tra chi fa il film e chi sta dall'altra parte, è per forza di cose un rapporto diverso rispetto a quello che potrebbero avere quattro persone che ti guardano.

Magari dopo la prima o la seconda settimana di lavoro si crea quell'alchimia per la quale funziona comunque anche con un'équipe allargata.

A volte è anche una questione di spazi. Se si filma dentro alle case delle persone, essere in quattro è proprio un'invasione. Essere da solo invece ti permette di essere discreto, non dico invisibile perché non lo si è mai, permette però di entrare a far parte di quella situazione in modo più leggero.

A volte, invece, mi sono sentito a disagio, ad esempio facendo delle riprese dove non è così giustificato il fatto che da solo sei più agile. Per un certo tipo di riprese sarebbe auspicabile poterle realizzare con più collaboratori.

Alle volte, quando vai a questi appuntamenti e sei da solo avverti un po' di questo disagio davanti alle domande: "Come? Fai tutto tu? Fai il suono e fai le immagini?". Sembra quasi che sia un approccio paradossalmente poco professionale. Spesso la persona che sta dall'altra parte, pensando che arrivi anche un cameraman, un fonico eccetera, vedendoti da solo esclama: "Ma allora non è una cosa professionale? Per chi la fai? Per te?".

C'è un po' questo tipo di pregiudizio, anche dettato dal fatto che si è abituati a vedere più gente sul set dove si lavora. Anche per questo motivo io mi prendo il tempo per spiegare alle persone il perché di questa scelta, li coinvolgo in questo, così si crea un rapporto molto più personale. Tant'è vero che in questi percorsi della realizzazione di un film, che durano a volte mesi o anni, lavorando da solo è molto più facile creare una relazione che poi va anche al di là del film stesso.

È un altro tipo di impegno anche dal punto di vista del coinvolgimento generale. Io ho in mano la telecamera, sto facendo il film, però allo stesso tempo, proprio perché sono da solo, immancabilmente si crea quel rapporto con chi sta dall'altra parte. È impossibile che non sia così se si sta facendo bene il proprio lavoro. Non può verificarsi quell'approccio che invece è molto più distaccato, di quando si è in più persone. In quel caso è davvero l'équipe che sta dall'altra parte che traccia questo confine. Essendo da soli questo confine, questo solco, che divide le due parti, è riempito, non c'è più.

C'è una sorta di continuazione. È un approccio che permette di andare più in profondità, poiché essendo da solo devi creare questo dialogo. Con il lavoro d'équipe sei chiamato a crearlo comunque, però, effettivamente la differenza tra chi sta da una parte o dall'altra è molto più marcata.

*Come gestisci il rapporto con la persona che hai davanti all'obiettivo?*

Dal mio punto di vista, immagino che sia possibile guardare negli occhi una persona anche attraverso il filtro della telecamera. Questo perché il rapporto che si è instaurato con essa cresce ogni giorno frequentandosi e facendo questo lavoro insieme. L'oggetto che hai davanti alla faccia un po' la nasconde, ma siccome questa faccia c'è ed esiste nei momenti in cui non filmo, ho un po' la presunzione di affermare che la mia faccia si veda comunque. È possibile comunque mantenere una relazione con le persone quando si ha il filtro della telecamera. Ne ho la prova, in tutti gli ultimi lavori che ho fatto. Non ho mai percepito una difficoltà da parte delle persone che ho coinvolto come soggetti né il loro fastidio per il fatto che io non potessi guardarli negli occhi. Alla fine, l'obiettivo per loro diventava il mio occhio. È forse un po' arrogante dirlo però credo che, superato il rodaggio, non sia un grandissimo ostacolo quello di avere una telecamera tra le mani. A volte anch'io utilizzo il display, proprio per questo, per poter guardare negli occhi la persona quando ancora non c'è quel tipo di relazione intima. In quei casi decido di girare in modo diverso per poter guardare negli occhi la persona. Credo che sia una cosa che alla fine è accettata per chi in una prima fase ha già accettato di partecipare a questo tipo di lavoro. Ad esempio, io all'inizio delle riprese prendo delle ore solo per raccontare i possibili scenari che ci potrebbero essere per far capire alla persona che non ha mai partecipato a un'operazione di film o di documentario che cosa sarà quest'avventura, questo viaggio che faremo insieme. Quindi se già in partenza la persona si rende conto del tipo di presenza e d'impegno, per entrambe le parti, ha modo di tirarsi indietro.

*Come è nata l'idea del documentario* I nodi di Arnoldo?

L'idea è nata da una mia voglia di realizzare una storia che partisse da un discorso della perdita della memoria e di conseguenza perdita dell'identità. Un po' semplificando, diciamo, sono arrivato al morbo di Alzheimer. Anche se in partenza non davo per scontato che sarebbe stato un film sull'Alzheimer; pensavo di individuare delle situazioni che mi permettessero di avvicinare questo tema legato alla perdita della memoria.

Poi sono arrivato all'Alzheimer probabilmente scegliendo anche la strada più semplice. E anche perché, bisogna dirlo, è comunque un documentario realizzato per un'emittente televisiva. Vuol dire che il soggetto è forse più accettabile – tra virgolette – se si parla di Alzheimer e non se si parla di una cosa piuttosto vaga come la perdita della memoria. Detto questo devo dire che sono stato abbastanza agevolato in questa scelta, perché casualmente ho avuto la possibilità di trovare una situazione che incarnasse davvero quello che avevo pensato all'inizio. Proprio grazie a quest'uomo, tra l'altro ancora abbastanza giovane per essere malato di Alzheimer, ho davvero trovato una persona che stava perdendo la propria identità attraverso la perdita della memoria.

Per il tipo di approccio che ho con i soggetti, quello che mi piace nell'ambito del documentario è il potersi sorprendere ogni giorno di ciò che accade, e riadattare quello che succede cammin facendo rispetto alla storia che si vuole raccontare. Secondo me questa è una cosa straordinaria, è la cosa più bella del documentario: partire con un'idea, ma poi lasciarsi meravigliare quotidianamente dagli eventi e poterli integrare nella storia che si era immaginata, riadattandola giorno per giorno.

Con *I nodi di Arnoldo* è successo esattamente così. Io non sapevo bene come avrei raccontato la storia di Arnoldo, il protagonista, però mi sono lasciato ogni giorno stupire da ciò che succedeva. In questo senso torniamo anche al discorso del lavorare da solo, che permette questa flessibilità di andare di pari passo con situazioni ogni giorno nuove.

Quando si lavora con altre persone dove c'è una pianificazione non ci si può permettere il lusso di arrivare alla situazione che si pensava di filmare, ma che quel giorno lì non funziona. In qualche modo devi occupare la giornata, magari facendo delle cose che non sono neanche così pertinenti al lavoro che stai svolgendo, ma soltanto perché devi fare qualcosa. Essere da solo nel percorso della realizzazione del film permette di riadattarsi alle situazioni e magari con un'équipe affiatata che è abituata a lavorare in quel modo da anni, la cosa potrebbe anche funzionare. In una realtà di produzione televisiva questo è molto difficile che succeda, anche perché spesso non ci si trova a lavorare con le stesse persone e la pianificazione non permette questa elasticità. Rispetto a *I nodi di Arnoldo* ho gestito la mia agenda di pari passo a ciò che succedeva. Poi, ci sono tanti mezzi per arrivare al risultato, con una voce narrante o un cartello che descrive quello che non sei riuscito a filmare. Se sei riuscito a filmare la situazione avrai sicuramente il materiale per poter davvero raccontare quella storia come se fosse una finzione. Mi spiego meglio. Nella finzione c'è una sceneggiatura, si scrivono le scene e ognuna ha una funzione in quella storia. Nel documentario è la stessa cosa, solo che non è una storia scritta, ma è una storia che succede davanti agli occhi in quel momento e bisogna essere in grado di catturarla. Tendenzialmente io filmo tutto, perché tutto potrebbe essere utile nel racconto.

Se si è deciso di fare un documentario seguendo una vicenda umana, dal momento che si comincia, si dovrebbe essere in grado di essere sempre presente e filmare tutto ciò che succede. Questo è un altro vantaggio del lavoro da soli, ovvero questa grande flessibilità ed elasticità, che è funzionale a quel tipo di narrazione, anche se è molto faticoso, perché filmare tutto è veramente un grande impegno. Ciò vuol dire riprendere tutto con il punto di vista che hai scelto, con le inquadrature che man mano che filmi scegli di fare, con tutte le problematiche che sono presenti quando tu filmeresti anche solo un segmento. Dopo un po', però, diventa anche una sorta di piacere. Quando la storia comincia a essere presente, a occupare i tuoi pensieri e a prendere forma attraverso i materiali che hai girato, man mano che i giorni passano diventano sempre più piacevoli, perché ti rendi conto del fatto che si stia materializzando il film.

*Come vedi la figura del produttore accanto a un cineasta solitario?*

Il produttore in questa fase diventa molto importante, perché come regista si è talmente dentro a tutta quella vicenda che si è proiettata davanti e che è stata filmata, che forse si sente il bisogno di questo sguardo un po' più fresco ed esterno. Se il produttore ha la sensibilità giusta può essere d'aiuto. Per cui, il rapporto col produttore può essere salutare, se si tratta anche di un rapporto creativo.

*Al montaggio quali sono le differenze del documentarista che lavora con un'équipe e l'autore solitario?*

Quando sei tu che hai girato le immagini, hai registrato i suoni e hai fatto la regia in presa diretta, lavorando da solo, quando entri nella fase in cui ti rivedi tutto il materiale e ti prepari per passare poi al montaggio, c'è anche lì una certa facilità. A quel punto c'è una memoria di quello che tu hai fatto. Se non fossi stato tu a realizzare le riprese forse non ti ricorderesti di determinati dettagli Allo stesso tempo è chiaro che quando le immagini vengono girate da qualcun altro hai anche l'aspetto della sorpresa, di scoprire delle cose che magari pensavi che fossero state girate in modo diverso, e che sono meglio di ciò che ti aspettavi. Però, quando sei stato tu a girarle, c'è la memoria. Personalmente non mi è mai capitato di dimenticarmi di qualche cosa che ho girato. Quando sono focalizzato sulle scene girate da me, anche se la lavorazione dura mesi, mi ricordo molto facilmente di ciò che ho fatto.

Il che è molto utile per quello che faccio in seguito, perché so che – per il modo in cui ho girato una scena trenta giorni fa – è importante che oggi quest'altra situazione io la filmi in un altro modo, affinché funzionino veramente bene insieme. Questo vale anche per quando si arriva in montaggio. Per il fatto che ho girato io le immagini so qual è il contenuto delle varie riprese e questo mi fa guadagnare molto tempo. Un vantaggio, soprattutto nella fase di stress del montaggio all'interno di una produzione televisiva

[1] Danilo Catti ha creato l'Associazione Treno dei Sogni per il finanziamento di due suoi documentari. Lo statuto di associazione si differenzia da altri contratti per il fatto che lo scopo non è quello di un guadagno economico per i membri. L'associazione può esercitare un'attività economica, purché questa sia il mezzo per realizzare i propri scopi principali.

# Conclusioni

"L'idea del documentario, dopo tutto, richiede solamente
di portare sullo schermo gli eventi del nostro tempo
in qualunque modo possa colpire l'immaginazione e che renda
possibile un'osservazione un po' più profonda. A un certo livello,
può trattarsi di una visione di tipo giornalistico, ma a volte
può ergersi a poesia e dramma."
(John Grierson)

Alla visione di un documentario non sempre ci chiediamo come il regista ha fatto a girare il film, come ha conosciuto i testimoni-personaggi o come ha fatto a realizzare determinate scene. Detto ciò, non si fraintenda, non è centrale sapere queste informazioni per comprendere o per apprezzare un film. Per noi, autori di questo testo – muovendoci vicino a quella che è la produzione documentaristica – la scoperta di alcuni cineasti solitari con i loro film ci ha da subito incuriosito.

Abbiamo poi voluto andare più a fondo per capire le reali implicazioni, le circostanze e le motivazioni che portano un autore ad adottare questa pratica di ripresa audiovisiva, e cosa significa per ciascun autore fare questa scelta.

Questo libro ha voluto andare oltre la telecamere per scrutare, per un attimo, la modalità di lavoro del cineasta solitario. Operare in solitaria comporta senz'altro una sofferenza maggiore e un coinvolgimento totale e personale nel proprio lavoro. Questa immersione dell'autore lascia dei segni visibili nel film. Spesso è quest'approccio che permette allo spettatore di avvicinarsi alla realtà dei soggetti filmati; del mondo in cui vivono e del come è percepito.

Una delle questioni centrali nel fare un documentario è capire che il film cui si lavora è una metafora della storia che si vuol raccontare. Spesso ci si dimentica di questo e il film si fossilizza in qualcosa che è accaduto molto tempo prima, quando lo si è pensato o mentre lo si stava girando. L'urgenza di esprimere il proprio punto di vista deve essere chiara fin dall'inizio della realizzazione del film o rimarrà una semplice osservazione fine a se stessa. È da questa necessità che dipende la forza del rapporto del documentario con la realtà. L'impellenza sta nel poter cogliere le trasformazioni in atto e nel comprendere che il processo di realizzazione di un film documentario parte da un'esperienza e si conclude con un'altra.

L'avventura in solitaria è la ricerca di un confronto personale con la realtà che si è deciso di approfondire e di interrogare. Il rapporto diretto, corpo a corpo, permette d'indagare e di esplorare in profondità l'essenza delle cose.

Esistono degli autori documentaristi che cercano un approccio analogo per narrare le storie che incontrano. Per questa tipologia di registi è fondamentale stabilire e costruire un rapporto di fiducia con i protagonisti della storia, a volte con tempi molto lunghi. Ciò è reso possibile dal fatto che il cineasta è da solo nel confronto con le persone. Inoltre, l'integrazione nella realtà avviene attraverso un processo di conoscenza reciproca tra l'autore e il protagonista della storia che si vuole penetrare.

# Postfazione
Stefano Knuchel

## IN SOLITARIA
*Il regista è solo davanti al mondo?*
Prima o poi qualsiasi regista di documentari prova questa sensazione. Del resto la voglia di affrontare la regia di documentari nasce da una forma di ribellione, un rifiuto di accettare il mondo così com'è, o quantomeno per come viene comunemente interpretato. È una voglia spesso smisurata e istintiva di sfidare il reale tentando di catturarlo attraverso le immagini, con la folle ambizione di saperlo raccontare meglio di quanto lui stesso si racconti. Questa voglia di modellare il reale (desiderio attivo) corrisponde anche alla voglia di essere radicalmente cambiati nella propria anima (desiderio passivo). Mettere le mani nel reale per dargli un ordine filmabile corrisponde al desiderio che il reale possa mettere ordine nelle nostre emozioni e nella nostra percezione della vita. A questo punto dovrebbe essere chiaro che sto descrivendo un corpo a corpo.

## LA DIMENSIONE EROTICA
*E se il rapporto tra il documentarista in solitaria e la realtà*
*che vuole catturare fosse di ordine erotico?*
Tutti gli elementi ci portano a credere che questo sia possibile:
– *seduzione*: il regista e la realtà si osservano e si piacciono;
– *scoperta*: i primi passi del regista confermano che vi è
la possibilità di un idillio;
– *desiderio:* superate le prime formalità il regista lascia libero
sfogo al suo desiderio di filmare la realtà, la quale prova piacere
per questa attenzione e si offre in dono;
– *repulsione*: la scoperta delle reciproche intimità mette

a scoperto alcuni lati meno gradevoli che determinano dei limiti al gioco per entrambe le parti;

– *compimento*: trovato il giusto equilibrio e superate certe passioni, si porta il progetto a termine con maggiore controllo emotivo;

– *ricordi*: finito il rapporto resta un film che, amato o meno che sia, crea per ambo le parti dei momenti indimenticabili.

Trattandosi di una forte passione amorosa, di una vera e propria avventura, i due nella maggior parte dei casi non si vedranno più. Il regista cercherà un'altra avventura, mentre per il soggetto si sarà trattato di un'esperienza unica, perché il regista in solitaria ama filmare realtà marginali cui regala una chiave di lettura universale, queste realtà però non sono di particolare interesse senza lo sguardo del regista. Se la visione erotica è giusta si può capire facilmente perché vi sia il desiderio di viverla come un rapporto a due, tra il regista e la realtà, senza che degli estranei (la troupe) interferiscano in questa avventura amorosa.

## IL RAPPORTO CON IL TEMPO

Per il documentarista la scelta di lavorare in solitaria corrisponde spesso anche al bisogno di gestire in modo flessibile e istintivo il rapporto con il tempo. In questo caso l'ipotesi di lavorare con una squadra viene sentito come un forte condizionamento che avrà come conseguenza inevitabile di snaturare la realtà che si vuole filmare, piegandola alle tempistiche imposte dalla pianificazione di una squadra cinematografica. Il regista in solitaria desidera seguire al tempo stesso l'istinto (e dunque evitare di verbalizzare le sue intuizioni per trasformarle in indicazioni per la squadra) e una profonda riflessione (più vicina alla meditazione che non al consueto scambio d'idee con la squadra).

Questo rapporto istintivo con il tempo nella costruzione del documentario, a partire dai primi incontri fino alla fine delle riprese, serve anche a definire la forma (il ritmo) del prodotto finale. Così il montaggio, ossia il respiro del film, prende forma nel momento delle riprese. Idealmente ciò dovrebbe regalare al documentario un carattere unico, tagliato a misura sul corpo del soggetto filmato.

## LA SFIDA DELLA FORMA

Spesso si associa il lavoro del regista "in solitaria" alle modalità e allo spirito del Cinéma Vérité, molto fedele alla realtà, che ritrae al punto quasi di perdere la propria soggettività. Vi sono molteplici esempi che dimostrano il contrario, come *Episode I* ed *Episode III* del regista e artista olandese Renzo Martens, dove il fatto di viaggiare e filmare con la propria piccola videocamera permette di esprimere una forte soggettività rispetto a temi complessi come la povertà in Congo o la guerra in Cecenia, creando uno stile unico di raccontare il reale. Si pensa pure che il fatto di affrontare le riprese da soli implichi la scelta di un soggetto modesto o intimista. Basta l'esempio del documentario *Darwin's Nightmare (L'incubo di Darwin)* del regista austriaco Hubert Sauper per dimostrare il contrario. Il suo è un lavoro in solitaria di dimensioni epiche. Un documentario di 107 minuti che ha filmato in Tanzania nell'arco di cinque anni, che affronta temi vasti come le derive del capitalismo e lo sfruttamento delle ricchezze naturali dell'Africa, presentato al Festival di Venezia nel 2004 e nominato agli Oscar. Il fatto di scegliere la modalità di realizzazione in solitaria non deve rappresentare un limite nell'ambizione del regista, sia dal punto di vista formale che dal punto di vista dei contenuti.

## IL DIRITTO A UNO SGUARDO PERSONALE

Nella storia della documentaristica sono trascorsi molti decenni prima che emergesse l'opportunità di offrire uno sguardo personale sulla realtà. Per molti anni le immagini dovevano servire esclusivamente la propaganda o il nascente mercato dell'intrattenimento, poi le evoluzioni sociali hanno portato a una maggiore libertà d'espressione e le evoluzioni tecnologiche hanno reso più accessibili i mezzi di produzione. Ciò ha condotto a una democratizzazione e a una crescita della diversità dello sguardo cinematografico. A un certo punto era considerato normale che una singola persona potesse esprimere il proprio punto di vista sulla realtà, anche in modo fortemente soggettivo. Questa democratizzazione dello sguardo ha portato anche a una democratizzazione dei soggetti, rendendo protagonisti interessanti anche realtà considerate marginali dal potere (che non le vuole vedere) o dall'industria cinematografica (che non le considera redditizie).

Questo traguardo, di grande importanza per la cultura, non è acquisito per sempre. Per tenerlo in vita abbiamo bisogno regolarmente di registi che si assumano la responsabilità di una lettura fortemente individuale della realtà, andando a frugare lì dove altre logiche produttive non vanno a cercare. Un regista di documentari che lavora "in solitaria" si espone a molti rischi, dalle difficoltà tecniche in fase di ripresa fino alle critiche di egocentrismo alla presentazione del prodotto finale, senza parlare delle numerose responsabilità che gravano sulle sue spalle durante tutte le fasi della creazione.

Per questo tendo a interpretare il documentarista "in solitaria" come un eroe determinato (o rassegnato) ad affrontare il suo fato, convinto che in questa scelta vi siano all'opera delle logiche ben più profonde da quelle che può razionalmente comprendere. E in questo rinnova il mistero del cinema, nutrito dal coraggio e dalla profonda fede nel fatto che un incontro sincero tra la realtà e un regista a nudo possa offrire delle immagini indimenticabili.

Stefano Knuchel, nato a Locarno (Svizzera) nel 1966. È regista e collaboratore della RSI (Radiotelevisione svizzera). È stato il corelatore con V. Robbiani della tesi di C. Bartocci presso la SUPSI (Comunicazione Visiva).

# Documenti di riferimento

*Documentari*
Fulvio Mariani, *Cumbre*, 1986.
Mohammed Soudani, *Guerre sans images*, 2002.
Danilo Catti, *Giù le mani*, 2008.
Michael Beltrami, *I nodi di Arnoldo*, 2009.
Catherine Bartocci, *In solitaria*, 2010.

*Alcuni documentari in solitaria*
Auguste e Louis Lumière, *La Sortie de l'usine Lumière à Lyon*, 1895.
Robert Flaherty, *Nanook of the North*, 1922.
Joris Ivens, *De Brug*, 1928.
Joris Ivens, *Regen*, 1929.
Robert Flaherty, *Man of Aran*, 1934.
Vittorio De Seta, *Il mondo perduto*, 1954-1959.
Errol Morris, *Gates of Heaven*, 1978.
Silvano Agosti, *D'amore si vive*, 1984.
Gianfranco Rosi, *Boatman*, 1993.
Bertrand Tavernier, *The Lumiere Brothers' First Films*, 1996.
Jesse Amirouche Allaoua, *Pretty Colors*, 2001.
Alina Marazzi, *Un'ora sola ti vorrei*, 2002.
Victor Kossakovsky, *Tishe!*, 2002.
Hubert Super, *L'incubo di Darwin*, 2004.
Francesca Molo, *La metamorfosi di Fulvio*, 2004.
Werner Herzog, *Grizzly Man*, 2005.
Alexander Rastorguev, Susanna Baranzhieva, Vitaly Mansky, *Heat of the Tender. Wild, Wild Beach*, 2006.

Kevin Merz, *Glorious exit*, 2007.
Gianfranco Rosi, *Below sea level*, 2008.
Carlo Lo Giudice, *Padre Nostro*, 2008.
Anders Østergaard, *Reporter contro la dittatura – Cronache dalla Birmania*, 2008.
Matteo Besomi e Chris Guidotti, *Hasta la victoria*, 2009.
Pietro Marcello, *La bocca del lupo*, 2009.
Wang Bing, *Man with no name*, 2009.
Kevin Mcdonald, *Life in a Day*, 2010.
Gianfranco Rosi, *El sicario room 164*, 2010.
Orane Burri, *Tabou*, 2010.
Stefano Ferrari, *Campo Nomadi*, 2011.
Danilo Catti, *1, due, 100 Officine*, 2012.
Naomi Kawase, *Chiri*, 2012.
Misha Györig, *Happy 40*, 2012.
Kaevin Meertz, *Terra*, 2012.
Stefano Ferrari, *La squadra*, 2013.
Antonio Prata, *Terra dentro*, 2013.
Stéphanie Argerich, *Blody daughter*, 2013.
Gianfranco Rosi, *Sacro Gra*, 2013.
Baillie Walsh, *Springsteen and I*, 2013.
Vito Robbiani, *Stella Ciao*, 2015.

*Documentari consigliati*
Dziga Vertov, *Man with a Movie Camera*, 1929.
Jean Vigo, *À propos de Nice*, 1930.
Michelangelo Antonioni, *Gente del Po*, 1943-1947.
Ermanno Olmi, *La diga del ghiaccio*, 1955.
Lindsay Anderson, *Every Day Except Christmas*, 1957.
Jean Rouche ed Edgard Morin, *Chronique d'une été*, 1961.
Seiler, Gnant, Kovach, *Siamo italiani*, 1964.
Villi Hermann, *Cerchiamo Operai*, 1971.
Michelangelo Antonioni, *La sindrome cinese*, 1972.
Louis Malle, *Place de la République*, 1974.
Raymond Depardon e Sophie Ristelhueber, *San Clemente*, 1980.
Godfrey Reggio, *Koyaanisqatsi*, 1982.

Alain Cavalier, *24 portraits*, 1987.
Werner Herzog, *Cavalieri dell'Apocalisse*, 1992.
Alessandro Rossetto, *Bibione Bye Bye One*, 1999.
Wim Wenders, *Buena Vista Social Club*, 1999.
Micheal Moore, *Bowling for Colmbine*, 2002.
L'Eden cinéma, *Le cinéma documentaire*, 2003.
Edo Bertoglio, *Face Addict*, 2005.
Emir Kusturica, *Maradona*, 2008.
Stefano Knuchel, *Hugo en Afrique*, 2009.
Béatrice Bakhti, *Romans d'ados: 2002-2008*, 2010.
Vito Robbiani e Lorenzo Buccella, *Sorelle d'Italia*, 2010.
Yuri Ancarani, *Il capo*, 2012.
Fulvio Mariani e Mario Casella, *Vite tra i vulcani*, 2012.
Roberto Minervini, *Stop the Pounding Heart*, 2013.

*Testi*
R. Nepoti, *Storia del documentario*, Patron Editore, Bologna 1988.
D. Bordwell, K. Thompson, *Storia del cinema e dei film. Dalle origini a oggi*, Il Castoro, Milano 1998.
J. Breschand, *Le documentaire: l'autre face du cinéma*, Les Cahiers du Cinéma, Paris 2002 (ed. it. *Il documentario: L'altra faccia del cinema*, Lindau, Torino 2005).
M. Bertozzi (a cura di), *L'idea documentaria: altri sguardi dal cinema italiano*, Lindau, Torino 2003.
B. Nichols, *Introduzione al documentario*, Il Castoro, Milano 2006.
D. Pinardi, P. De Angelis, *Il mondo narrativo*, Lindau, Torino 2006.
A. Giannarelli, S. Savorelli, *Il film documentario*, Dino Audino, Roma 2007.
M. Balsamo, G. Pannone *L'Officina del Reale*, CDG, 2009.
G. Gauthier, *Storia e pratiche del documentario*, Lindau, Torino 2009.
A. Giannarelli, S. Savorelli, *Il film documentario: forme, tecniche e processo produttivo*, in "Manuali di Script", n. 98, Roma 2007.

# Biografie degli autori

**Vito Robbiani**, nato a Zurigo nel 1972, dopo gli studi universitari a Nizza in Scienze della Comunicazione e dell'Informazione, inizia a lavorare come giornalista e poi regista e cameraman indipendente. Attraverso la sua società di produzione, mediaTREE, ha collaborato con diverse televisioni europee.
Insegna presso la Scuola Universitaria Professionale della Svizzera Italiana di Lugano (SUPSI). Collabora con il Conservatorio Internazionale di Scienze Audiovisive Pio Bordoni (CISA) di Lugano. È vicepresidente del comitato centrale della Federazione svizzera dei giornalisti (impressum)

**Catherine Bartocci**, nata a Lugano nel 1987, intraprende la formazione in campo artistico al Centro Scolastico per le Industrie Artistiche a Lugano (CSIA), conseguendo la maturità professionale artistica. Inizia, poi, gli studi in campo audiovisivo presso il Conservatorio Internazionale di Scienze Audiovisive Pio Bordoni (CISA) a Lugano. Frequenta in seguito la Scuola Universitaria Professionale della Svizzera Italiana (SUPSI), dove approfondisce le sue conoscenze sulla comunicazione e ottiene la laurea Bachelor of Arts in Comunicazione visiva. Attualmente è freelance in ambito documentaristico e collabora con alcuni registi svizzeri.

www.ingramcontent.com/pod-product-compliance
Lightning Source LLC
Chambersburg PA
CBHW070302290526
45791CB00003B/1055